StattFührer

Statt **Führer**

Trier im Nationalsozialismus

Herausgegeben von
Thomas Zuche

spee

Die Deutsche Bibliothek – CIP-Einheitsaufnahme

StattFührer : Trier im Nationalsozialismus / hrsg. von Thomas Zuche. –
1. Aufl. – Trier : Spee, 1996

ISBN 3-87760-057-3
NE: Zuche, Thomas [Hrsg.]; Trier im Nationalsozialismus

1. Auflage 1996
Umschlaggestaltung: Roland Dahm
Gesamtherstellung: Paulinus-Druckerei GmbH, Trier
ISBN 3-87760-057-3

Inhalt

Einleitung

Dieser „StattFührer" ist das Ergebnis einer Projektarbeit im Rahmen der Arbeitsgemeinschaft Frieden e. V. (AGF). Es begann mit zwei Erinnerungsgängen zu den Stätten des nationalsozialistischen Terrors in Trier, zu denen die AGF am 40. Jahrestag des Kriegsendes am 8. Mai 1985 und anläßlich des 50. Jahrestages des Novemberpogroms am 9. November 1988 eingeladen hatte. Das große Interesse und die Betroffenheit der Teilnehmer und Teilnehmerinnen sowie ähnliche Erfahrungen bei Führungen des ehemaligen KZ-Häftlings Willi Torgau haben uns Mut gemacht, diesen „StattFührer" zu erarbeiten. Unser Ziel war es, Informationen über das damalige Geschehen in Trier zusammenzutragen und durch Fotos von Menschen, Häusern und Plätzen – im Wortsinn – anschaulich zu machen.

Die Texte stützen sich in erster Linie auf bereits erschienene Literatur über die NS-Geschichte Triers. Allen Kapiteln liegen die Veröffentlichungen von Dr. Reinhard Bollmus, Edgar Christoffel, Otmar Weiler und Dr. Emil Zenz zugrunde. Wer dort und bei den anderen im Text zitierten Quellen weiterlesen möchte, findet genauere Literaturhinweise am Ende des Buches. Wenn dennoch sehr viele Ereignisse der NS-Zeit nicht oder nicht ausreichend dargestellt werden können – beispielsweise das jüdische Leben vor und nach 1933 und die Verfolgung zahlreicher Gruppen und Personen –, so liegt das an den Aktenverlusten von 1944/45 durch Krieg und absichtliche Vernichtung.

Wir möchten allen danken, die uns bei der Recherche und der Herausgabe dieses Buches unterstützt haben. Unser besonderer Dank gilt Dr. Reinhard Bollmus, Historiker an der Universität, für die kritische Durchsicht des Manuskripts.

Dank auch den Einrichtungen und Organisationen, die dieses Projekt finanziell und materiell gefördert haben: der Bezirksregierung, dem DGB und den Einzelgewerkschaften GEW und IG Medien, der Evangelischen Kirchengemeinde und der Evangelischen Studentinnen- und Studentengemeinde, der Gesellschaft für christlich-jüdische Zusammenarbeit, der Katholischen Hochschulgemeinde, dem Kreisverband der Grünen, dem Kulturdezernenten der Stadt Trier, der Region Trier im Bistum Trier, der Regionalstelle für kirchliche Jugendarbeit, dem Stadtverband der SPD und den Stadtratsfraktionen von CDU, FDP, Grünen und SPD, Herrn Dr. Thomas Albrecht und dem rheinland-pfälzischen Landtagspräsidenten Christoph Grimm, sowie anderen Förderern, die nicht genannt werden wollen.

Ein Wort noch zur Schreibweise: Im Interesse der besseren Lesbarkeit haben wir fast durchgängig die männlichen Endungsformen verwendet, d. h. im Text ist nur die Rede von Bürgern, Nationalsozialisten, Katholiken, Kommunisten usw., nicht auch von den Bürgerinnen, Nationalsozialistinnen, Katholikinnen und Kommunistinnen, die selbstverständlich stets mitgemeint sind. Eine befriedigende Lösung ist das vielleicht nicht; wir ziehen jedoch die kürzere Form der vollständigeren, aber unübersichtlichen und ermüdenden Ausdrucksweise vor. Dafür bitten wir die Leserinnen um Nachsicht.

Die Autoren

Rundgang durch Trier in der NS-Zeit

Unser Rundgang beginnt in der **Glockenstraße**. Im Haus Nr. 12 auf der rechten Seite befindet sich das Gasthaus *Zur Glocke*. Die *Glocke*, die dem ehemaligen Mitglied des Arbeiter- und Soldatenrats und späteren Stadtrat der „Nationalsozialistischen Arbeiterpartei Deutschlands“ (NSDAP), Berens, gehörte, war damals ein Versammlungslokal der Nationalsozialisten. In der Liste der Trierer NSDAP-Parteistellen von 1938 wird die „Glocke“ – damals noch mit der Hausnummer 7 – auch als Sitz der „NS-Kriegsopferversorgung“ geführt. ❶

In dem Gasthaus hielt sich seit 1931 ständig eine SA-Truppe auf, die dort übernachtete und verpflegt wurde. Hier formierten sich die Schlägertrupps der Nazis, um Veranstaltungen der politischen Gegner zu sprengen wie am 29. März 1931, als etwa 40 NSDAP-Anhänger nach einem „Kriegsrat“ in der Glocke zum Lokal ‚Groß-Trier‘ in der Moselstraße zogen. Dort versuchten sie mit Gewalt und unter „Heil-Hitler“-Rufen in eine Versammlung des „Reichsbanners“ – der Schutzorganisation von SPD, linkem Zentrum und anderen Parteien der Weimarer Koalition – einzudringen und schlugen mit Stangen und Latten auf die Reichsbanner-Leute ein. Im Juni 1931 wurde ein Zug des katholischen Jungmännerverbandes, der in Trier seine Reichstagung abhielt, in der Glockenstraße angegriffen. Am 5. Dezember 1931 zettelten die Nazis von diesem Haus aus einen Überfall auf Mitglieder des „Reichsbanners“ an:

Gasthaus zur „Zur Glocke“ in der Glockenstraße.

„Plötzlich hörte man den Ruf: ‚SA raus!‘ Daraufhin fielen etwa fünfzig SA-Männer über einzelne Reichsbanner-Mitglieder her. Ein Reichsbanner-Mann wurde von hinten niedergeschlagen (...) Einen anderen stach man mit dem Messer in den Kopf, und als er vor Blut in den Augen nicht mehr sehen konnte, drosch man ihn mit Biergläsern vollends nieder. Einen dritten überfiel man hinterrücks,

Der Hauptmarkt 1935.

stach mit dem Messer auf ihn ein und schlug ihn zusammen." (Christoffel, S. 5).

Die sozialdemokratische „Volkswacht" schrieb zu den Gewalttaten:

„Wie verhält sich die Polizeiverwaltung zu der Einrichtung einer Nazikaserne ... in der Glockenstraße? Es ist der Polizei doch sicherlich bekannt, daß in diesem Haus zwei Zimmer kasernenmäßig eingerichtet sind, daß sich eine Gruppe der SA dort ständig aufhält, also dort übernachtet und auch verpflegt wird. Wie lange will die Polizei diese gesetzwidrige Einrichtung noch dulden?" (ebenda).

Doch während Polizei und Gerichte hart gegen Kommunisten vorgingen, ahndeten sie die Gewalttaten der Nationalsozialisten nur glimpflich.

❷ Wir gehen weiter zum **Hauptmarkt**.

Der Hauptmarkt war vor 1933 Schauplatz von Straßenkämpfen zwischen Nationalsozialisten und Kommunisten. So auch am 25. Juni 1932:

„Am Sonntag, dem 25. Juni 1932 versammelte sich gegen 10 Uhr die SA in der Nagelstraße und marschierte in geschlossenem Zug durch die Brotstraße in Richtung Hauptmarkt. Schon in der Grabenstraße wurden Leute, die hier spazieren gingen, durch provozierendes Verhalten belästigt. Die SA gab zu verstehen, daß alles auszuweichen hat, wenn sie

marschiert. Auf dem Hauptmarkt herrschte zu dieser Zeit, wie sonntags üblich, reges Leben. Die SA sang, das Sturmband der Uniformmütze unterm Kinn, ihr Kampflied ‚Die Straße frei den braunen Bataillonen' und marschierte rücksichtslos in die sich hier aufhaltende und sich hier ergehende Menge hinein, Menschen anpöbelnd und anstoßend. Als Warnschüsse abgegeben wurden, die aber niemanden verletzten, liefen die Spaziergänger fluchtartig in die Seitenstraßen. Ein Teil der SA marschierte zu ihrem Treffpunkt in der Glockenstraße [dem Gasthaus ‚*Zur Glocke*'], ein Teil blieb auf dem Hauptmarkt zurück. Währenddessen jagten SA-Männer auf Motorrädern in hohem Tempo durch die Straßen, um ebenfalls den Leuten, die sich verängstigt in Hauseingänge zurückzogen, zu demonstrieren, wem die ‚neue Zeit' gehöre (...)."
Auf dem Hauptmarkt, in der Nähe des Brunnens vor dem ***Gasthaus Zum Domstein***, „stand noch eine Gruppe Kommunisten. Die zurückgebliebenen Gruppen uniformierter Nationalsozialisten standen auf der anderen Seite des Marktes. Aufreizende Zurufe wurden von den Gruppen beider Parteien gemacht. Die Nationalsozialisten schrien ‚Deutschland erwache' und sangen das Horst-Wessel-Lied. Während lautstark ‚Die Fahne hoch, die Reihen dicht geschlossen, SA marschiert...' erschallte, antworteten die Kommunisten mit der ‚Internationale' ".
Nach dem Bericht eines Augenzeugen hörte man auf seiten der Nationalsozialisten einen Pfiff. Darauf gab es einen Zusammenstoß: Die Nationalsozialisten stürzten sich auf die Kommunisten, die in der Minderzahl waren und durch die Grabenstraße in Richtung Palaststraße flüchteten. Plötzlich gab es Schüsse. Neugierige, die wieder herbeigekommen waren, stoben auseinander; einige Nationalsozialisten nahmen aber die Verfolgung auf. Bei den Schlägereien gab es Verletzte auf beiden Seiten. Sie wurden von in der Nähe wohnenden Ärzten bzw. Sanitätern verbunden. Bei einigen im Gesicht Verletzten sah man deutlich, daß die Wunden von Fußtritten oder gefährlichen Werkzeugen herrührten.
„Die Verfolgungen dauerten bis nachts gegen 2 Uhr. Als die Polizei die Ruhe wiederhergestellt hatte, wurde festgestellt, daß durch einen Schuß zwei Schaufenster des ***Schirmgeschäftes Hieronymus Eck*** durchschlagen waren. Ein weiterer Einschlag wurde in einem Haus an der Palaststraße bemerkt." (Christoffel, S. 6–8).
Wir verlassen den Hauptmarkt und gehen in die Grabenstraße, dann rechts am Pranger vorbei in die **Brotstraße**. Dort, wo sich die Brotstraße ❸
heute mit der Konstantinstraße kreuzt, stand ursprünglich auf der linken Seite das Haus Nr. **17**, in dem sich das Trierer Büro der katholischen Zentrumspartei befand, deren Reichsvorsitzender, Prälat Kaas, aus der Moselstadt stammte. Dieses Haus – das noch im Krieg einer Brandgasse

Haus Brotstraße Nr. 21–22: früher Manufakturgeschäft Ermann und Modehaus Scheuer, heute Büro- und Geschäftshaus.

weichen mußte – war damals auch Sitz der Druckerei Herzig. Da hier die Päpstliche Enzyklika „Mit brennender Sorge" gedruckt wurde, schloß die Geheime Staatspolizei (Gestapo) die Druckerei 1937. In der Brotstraße befanden sich dreizehn Geschäfte jüdischer Inhaber, die – wie alle anderen jüdischen Geschäfte – am 1. April 1933 boykottiert wurden. Erstmals wurden prominente Juden in „Schutzhaft" genommen. Im „Escher Tageblatt" war an diesem Tag zu lesen:

„Die Brotstraße ‚ist voll von Menschen, Gaffer, die sich den Rummel ansehen wollen'. Vor den geschlossen jüdischen Geschäften stehen die Jünglinge mit den Armbinden und lassen sich als die neuen Herren bestaunen … Und das Volk? Das Volk hat es mit der Angst. Man konnte in wenigen Gesichtern einen Funken von Jubel sehen, daß den Juden so übel mitgespielt wurde. Man hatte das Gefühl, daß alle diese Menschen sich ducken, sich unauffällig machen wollen…" (Bollmus, S. 529).

Fünf Jahre später zerstörten SA-Männer in der Nacht vom 9. zum 10. November 1938, der sogenannten „Reichskristallnacht", in Trier wie im übrigen Reich Geschäfte und Wohnräume jüdischer Mitbürger. Über die Verwüstungen in Trier berichtet der Augenzeuge Wilhelm Demuth:

„Stunden später habe ich mich aufgemacht (...) zu einem Streifzug durch Trier, vorbei an jüdischen Wohn- und Geschäftshäusern. Es war einfach grauenvoll. In der Brotstraße [im Haus Nr. **19**, wo heute das Schuhhaus Hoffmann seine Verkaufsräume hat] befand sich ein Spezialgeschäft mit Kurzwaren. Helene Vasen, eine resolute Jüdin mittleren Alters, stand einem mit Rat und Tat zur Seite. Unmengen schönster Knöpfe für alle Zwecke lagen fein sortiert in Vitrinen und Regalen mit Schubladen. Hier sah alles furchtbar aus. Die Vandalen schlugen alles kurz und klein. Man konnte in den Knöpfen förmlich waten. Zu Tausenden lagen sie durcheinander zu einem Chaos zusammengeworfen auf dem Fußboden. In verschiedenen Wohnungen der Juden wurden die feinsten Möbelstücke durch die Fenster auf die Straße geworfen. Manch kostbares Stück rissen sich die Nazibonzen einfach unter den Nagel, zum bleibenden Andenken für Vollarier." (Trierischer Volksfreund vom 9. 11. 1988).
In dem angrenzenden Häuserkomplex mit den Nummern **21** und **22–23** befanden sich damals das Manufakturwarengeschäft Ermann & Söhne und das Modehaus Scheuer, in dem Damenhüte verkauft wurden.
Wenige Meter weiter gabelt sich die Brotstraße. Wir stoßen an das **Modehaus Sinn,** damals **‚Haas'**, wo ein Trierer SA-Mann bereits am 8. März Kundinnen fotografiert hatte, um sie einzuschüchtern. Am 13. Mai 1933 wurden Albert und Max Haas sowie dessen Frau in „Schutzhaft" genommen. Wegen Haftunfähigkeit verlegte man die drei in ein Krankenhaus, wo sich die Ehefrau von Max Haas am 16. Mai erhängte. Wenige Tage später wurden die Männer in das Gefängnis in der Windstraße eingeliefert. 4

In der Pogromnacht des 10. November 1938 wurde das Modehaus Haas bevorzugtes Objekt der Zerstörung. Wilhelm Demuth erinnert sich: „Triers größtes Judengeschäft ‚Haas' (...) war völlig zerstört. Textilien lagen überall herum." (ebenda).

Linker Hand vom Modehaus Sinn zweigt die **Neustraße** ab, in der traditionell viele jüdische Familien und Geschäfte angesiedelt waren. Im Haus Nr. **2** befand sich die Tuchhandlung Koppel, in der an-

Kaufhaus Haas.

Die Neustraße im NS-Fahnenschmuck.

Das Karl-Marx-Haus nach der Besetzung durch die SA (März 1933).

grenzenden Nr. **3** wohnte das Ehepaar Emma und Gustav Blum. Beide wurden am 16. Oktober 1941 nach Lodz/Polen (damals: „Litzmannstadt") deportiert. Im Zuge der „Entjudung des Deutschen Wirtschaftswesens" wurden alle jüdischen Geschäftsinhaber im November 1938 gezwungen, ihre Geschäfte an arische deutsche Personen zu verkaufen. Der Verkaufspreis entsprach in keinem Fall dem realen Wert.

Wir biegen rechts in die Fahrstraße, um nach wenigen Metern erneut nach rechts in die **Nagelstraße** einzubiegen. Wir stoßen auf die **Fleischstraße,** biegen nach links und gehen über die Kreuzung hinüber in die
5 **Brückenstraße**. Auf der rechten Seite gelangen wir zum Haus Nr. **10** – damals mit der Hausnummer 91 –, dem **Geburtshaus von Karl Marx.** Die Sozialdemokraten hatten das Haus 1929 erworben, dort eine Buchhandlung, ihr Parteibüro und ab September 1932 den Verlag und die Redaktionsräume ihrer Zeitung „Volkswacht" untergebracht. Hier wurde 1932 auch die Leiche des ersten Opfers der Nazis, des Sozialdemokraten und Konzer Stadtrats Hermann Möschel, aufgebahrt, der am 10. Juli 1932 in Pfalzel durch fünf Schüsse schwer verletzt worden war und einen Tag später starb. Am 8. März 1933 stürmten über hundert SA und SS-Leute die Parteizentrale der Sozialdemokraten, rissen die Reichsflagge herunter, zogen die Hakenkreuzflagge auf und trieben die anwesenden

Sozialdemokraten aus dem Haus. Das Karl-Marx-Haus wurde zunächst von der Polizei besetzt, dann von der NSDAP enteignet und schließlich am 4. Mai 1933 zum Sitz ihrer Parteizeitung ,,Nationalblatt" umfunktioniert. Am Haus brachten die Nationalsozialisten einen sogenannten ,,Stürmerkasten" an, in dem die neueste Ausgabe des antisemitischen Hetzblattes ,,Der Stürmer" ausgehängt wurde. (Ein weiterer ,,Stürmerkasten" befand sich in der Johannisstraße).

Die alte Synagoge (1944).

Wir gehen nun zurück bis zur Kreuzung, die wir nun allerdings in Richtung Karl-Marx-Studienzentrum überqueren. Wir gehen geradeaus und gelangen – über die Straße hinweg – zu einem kleinen Platz, an dem eine Stele an die frühere **Synagoge** der jüdischen Gemeinde erinnert. Die Synagoge stand damals allerdings nicht an dieser Stelle, sondern ungefähr dort, wo sich heute der große Baum befindet. Sie war am 9. September 1859 unter großer Anteilnahme der Bevölkerung feierlich eingeweiht worden. Die seit 1761 bis dahin in der Weberbach 64 angesiedelte Synagoge war von der jüdischen Gemeinde aufgegeben worden, nachdem trotz ihres Einspruches im Nachbarhaus eine Bierbrauerei und Schnapsbrennerei eingerichtet worden war (Laufner, S. 19). Jacques Jacobs beschreibt das Äußere der Synagoge aus seiner Erinnerung: 6

,,Die Synagoge war ein äußerlich schmuckloser, unverputzter Sandsteinbau. Ein den Blick durchlassendes Gitter gab Eingang zu dem von einer Mauer abgeschlossenen Vorhof. Einige Stufen führten zum Eingang des Gebäudes; eine hebräische Inschrift über dem Eingang der Vorhalle bezeichnete die Bestimmung des Hauses. Das Innere der Synagoge war eindrucksvoll. Teppiche befanden sich in den zwei Gängen zwischen den drei Reihen Bänke des Erdgeschosses. Die mit Teppichen belegten Reihen reichten bis zu den Stufen, die zum Vorplatz der heiligen Lade führten. Ein großer Teppich zierte diesen Platz, über dem ständig eine rote Ewige Lampe leuchtete. Die heilige Lade selbst war ein Schrein, in dem die Thorarollen aufbewahrt wurden. Vor dem Schrein befand sich ein kostbarer Brokatvorhang (...) Vor der letzten Bank der Mittelreihe befand sich das Vorlesepult des Kantors auf einer Art Empore; rechts davon waren die Kanzel und links der Platz des Rabbiners – der Gemeinde zugewandt. Die vorderste Reihe der Mittelbank war für die Kinder reserviert." (Jacobs, S. 33 ff.).

Am Morgen des 10. November 1938 wurde das Innere der Synagoge geplündert und zerstört. Dreiundzwanzig der vierundzwanzig Thorarollen wurden verbrannt, nur eine konnte den Krieg über im Bistumsarchiv versteckt und damit gerettet werden. Mehr als 100 jüdische Männer wurden an diesem Tag verhaftet und ins Gefängnis in der Windstraße gebracht. Der Augenzeuge Karl Steinborn erinnert sich:

„Der Schulweg am nächsten Morgen (...) zum Hindenburg-Gymnasium führte meinen Freund und mich durch die Metzelstraße an dem an die Synagoge angelehnten Bethaus vorbei, hinter dessen zugezogenen Gardinen wir im Erdgeschoß öfters Juden beim Morgengottesdienst beobachten und hören konnten. Am Morgen des 10. Novembers jedoch waren die Fenster eingeschlagen, Kultgegenstände lagen verstreut umher." (Trierischer Volksfreund, 9. 11. 1988).

Die Synagoge und ein angrenzendes Wohnhaus wurden 1939 verkauft und 1944 durch Bombenangriffe völlig zerstört. Am 7. November 1985 errichtete die Stadt an diesem Platz eine Gedenkstele.

7 Nur wenige Meter von diesem Platz entfernt, befindet sich eine kleine Straße mit dem Namen Jakobsspitälchen (rechts über die Ampel).

Hier war im Haus Nr. **3** in unmittelbarer Nachbarschaft der Synagoge das Trierer „Parteiheim" der NSDAP in einem Gebäude untergebracht. Dieses war nach dem Vorbild der Münchener Parteizentrale nach dem 30. Januar 1933 braun gestrichen worden und wurde daher auch **„Braunes Haus"** genannt. Im September 1932 hatten die Nationalsozialisten das Gebäude der ehemaligen Gewerbebank für 60 000 Reichsmark von der Trierer Stadtsparkasse gekauft. Hier hatten sich auch die Kreisleitungen der NSDAP für Trier-Stadt und Trier-Land einquartiert, die Gauinspektion West und eine „Großdeutsche Buchhandlung". Hier lag ebenfalls stets eine SA-Truppe in Bereitschaft. Bis Mai 1933 befand sich in den Räumen des „Braunen Hauses" außerdem die Geschäftsstelle und Schriftleitung des Parteiblattes.

Wir gehen durch das Jakobsspitälchen und gelangen wieder zur Fleischstraße. Auf der gegenüberliegenden Straßenseite sehen wir das Haus Nr. **34–36**, in dem damals das von Juden geführte Herrenkonfektionsgeschäft Gumprich & Sohn seinen Sitz hatte. Wir biegen nach links und folgen der Fleischstraße, die durch die Bombardierungen des Krieges viel von ihrem ursprünglichen Gesicht verloren hat.

Rathaus und Kornmarkt (1925).

Beerdigung von NS-Oberbürgermeister Christ (März 1938).

Das Haus der „Freien Gewerkschaften", Dietrichstraße 8.

Wo heute die Bayerische Vereinsbank, die Buchhandlung Interbook und der Paulinus-Verlag ihre Geschäftsräume haben, standen damals das Schuhgeschäft Kempe, das Kaufhaus Poria und die Kaufmännische Privatschule Scheuer, die jeweils von jüdischen Mitbürgern geführt wurden.

Am Ende der Fleischstraße sehen wir auf der linken Seite das **Gasthaus ‚Schwarzer Ochse'** (früher: ‚Goldener Brunnen'). Dieses Lokal diente am Morgen des 10. November 1938 als Sammelpunkt der SS vor ihren anti-jüdischen Zerstörungsaktionen. Unter den versammelten SS-Männern machte das Wort „Antreten zum Kälbertreiben!" die Runde.

8 Wir biegen links in die **Dietrichstraße**. Auf der linken Seite, hinter dem Frankenturm, befand sich das Haus der Freien Gewerkschaften, dessen Fenster heute zugemauert sind. Das Haus in der Dietrichstraße Nr. **8** war im September 1929 von der Gewerkschaftshaus GmbH erworben worden. Zu dem Haus mit zwanzig Zimmern gehörte ein großer Garten mit altem Baumbestand, der für Gartenfeste genutzt wurde, und eine Wirtschaft im Erdgeschoß. Anläßlich der offiziellen Eröffnung am 1. Juni 1930, bei der die Theatergruppe der Sozialistischen Arbeiterjugend das Karl-Marx-Festspiel „Proletarier aller Länder, vereinigt euch!" aufführte, wandte sich der SPD-Reichstagsabgeordnete und spätere DGB-Vorsitzende Hans Böckler gegen Bestrebungen „christlich" denkender Menschen, die vor dem Besuch des „Roten Hauses" in Trier warnten. Hier

fanden Gewerkschaftstreffen, Vortragsveranstaltungen, wöchentliche Sprechstunden für Erwerbslose, aber auch Chor- und Theateraufführungen statt. Ab Mitte Oktober 1932 war das Sekretariat des SPD-Unterbezirkes im Gewerkschaftshaus untergebracht. Doch die Arbeit dort war nur von kurzer Dauer: Am 11. März 1933 wurde die Gewerkschaftszentrale von der SA besetzt und die Hakenkreuzfahne gehißt. Führende Gewerkschafter wurden ohne richterlichen Haftbefehl verhaftet.

Am Tag der Auflösung der Gewerkschaften im Reichsgebiet, am 2. Mai 1933, wurde das Haus erneut von der SA besetzt und enteignet. Als neue Mieter nennt das Trierer „Nationalblatt" am 9. Mai die „NS-Betriebsorganisation" und das „Büro der SS-Abteilung".

Gegenüber im Haus **Nr. 42**, dem **Warsberger Hof,** hielt die kleine Bekennende Evangelische Gemeinde Triers seit 1936 ihre Gottesdienste ab. Der Hausbesitzer, Commerzienrat Rautenstrauch, hatte ihr zu diesem Zweck sein Eßzimmer zur Verfügung gestellt. Als dieser Raum 1938 von einer NS-Organisation beschlagnahmt wurde, ließ Rautenstrauch den daneben liegenden, früheren Pferdestall zu einer Kapelle für die Gemeinde umbauen. Im Innenhof sieht man heute noch eine Pferdekopfskulptur über den Bögen des früheren Stalles.

Villa Rautenstrauch, Dietrichstraße 42 – Treffpunkt der Bekennenden Gemeinde.

Die Bekennende Gemeinde Trier wurde wahrscheinlich 1935 gegründet. Bezeichnend für die Stimmung der Zeit ist, daß eines der Gründungsmitglieder 1938 aus der Gemeinde austrat, nachdem in Trierer Zeitungen Kritik am ,,Vaterlandsverrat" der Bekennenden Kirche im Reich geäußert worden war. Der damalige Pfarrer der Gemeinde, Klaus Lohmann, gehörte zu den wenigen Geistlichen im Reich, die sich nach dem Novemberpogrom öffentlich gegen die Judenverfolgung aussprachen. Am 13. November 1938 – dem Sonntag nach der ,,Reichskristallnacht" – predigte Pfarrer Lohmann über die Feindesliebe. Erst seit kurzem kennen wir den Text der Predigt. Lohmann sagte:

,,Die Epileptischen von Bethel, die Verachteten, Ausgestoßenen und Armen in der Welt, sie alle sind deine Brüder, die an Christi Statt vor dir stehen. Auch die Juden können unsere Brüder sein, und sie sind es heute, wenn ihnen die Welt die Barmherzigkeit versagt. Wehe uns Christen, wenn wir uns an der Judenverfolgung der Welt beteiligen! Es gilt: ,Was ihr getan habt einem unter diesen meinen geringsten Brüdern, das habt ihr mir getan.'" (In: Bollmus, Bekennende Evangelische Gemeinde in Trier)

Pfarrer Lohmann wurde wegen dieser Äußerungen von der Gestapo einem harten Verhör unterzogen. Es wurde ein Verfahren gegen ihn eingeleitet – eines von insgesamt zwölfen, denen sich Pfarrer Lohmann in den vierzehn Monaten seiner Tätigkeit in Trier ausgesetzt sah. Nur die allgemeine Amnestie, die Hitler zu Kriegsbeginn verkünden ließ und von der Lohmann als Soldat Kenntnis erhielt, entzog ihn der weiteren Verfolgung.

Wir gehen die Dietrichstraße zurück und gelangen noch einmal auf den **Hauptmarkt.** Hier fanden die Vorbeimärsche der NSDAP vor den hohen Parteiführern statt, die Trier besuchten. Hier wurden z. B. Heß, Goebbels, Göring und Rosenberg von Abordnungen der Partei und der Stadt begrüßt. Anschließend gingen oder fuhren sie durch die mit Hakenkreuzen beflaggte Simeonstraße zum Hotel Porta Nigra (heute: Dorint-Hotel), wo sie sich am Balkon oder einem Fenster zeigten. Beim Besuch des Führer-Stellvertreters Rudolf Heß im Jahr 1935 fand zu seinen Ehren vor der Porta Nigra ein ,,Großer Zapfenstreich" statt. Vom Hotel aus begaben sich die Parteiführer meist zur Tonhalle in der Deutschherrenstraße, wo sie Kundgebungen abhielten. Hitler selbst mied das ,,schwarze Trier" in auffälliger Weise. Seit seinem Wahlkampfauftritt vom April 1932 hat er die Stadt nicht mehr besucht. Im Mai 1939 fuhr er auf dem linken Moselufer an ihr vorbei. Die ,,Ehrenbürgerschaft", die ihm 1933 verliehen worden war, scheint ihm nicht viel bedeutet zu haben.

Die Polizeiwache am Hauptmarkt (Juli 1941) – Sitz der Gestapo von 1933 bis 1935.

Die **Simeonstraße** diente der NSDAP des öfteren als Ort der Selbstdarstellung. Hier fanden Aufmärsche statt wie beim Kreisparteitag 1937, oder andere Veranstaltungen wie ein demonstrativer Barrikadensturm der SA im Jahre 1938.

An der Stirnseite des Hauptmarktes sehen wir das **Palais Walderdorff**, heute Sitz der Volkshochschule und einer Polizeiwache. Kontinuität der Geschichte: In diesem Gebäude war bereits im Kaiserreich die Polizei untergebracht, hier residierten von 1933 bis 1935 auch die Gestapo und der Sicherheitsdienst (SD).

Wir passieren das Palais Walderdorff und gehen durch die Sternstraße zum **Domfreihof**, der vom Dom beherrscht wird. Im Juli 1933 hatten sich hier Gläubige aus dem ganzen Reich versammelt, um Triers berühmte Reliquie, den „Heiligen Rock", zu verehren. Das Domkapitel hatte damals – wohl unter der Wirkung des gerade vollzogenen Konkordatsabschlusses zwischen dem Vatikan und der Regierung Hitler – der SA gestattet, den Ordnungsdienst für die Prozession zu stellen. An dieser wie an anderen Stellen der Stadt kam es 1937 aus Anlaß der Sittlichkeitsprozesse gegen Trierer Priester zu Massenbekundungen der Loyalität gegenüber Bischof Bornewasser und dem Klerus. In der Predigt vom 14. Sep- 9

NS-Propaganda vor dem Dom.

tember 1941 wandte der Bischof sich ausdrücklich gegen die Tötung von geistig Behinderten. Er sagte:

‚Du sollst nicht töten! – das ist das gewaltige, die unschuldigen Menschen auf der ganzen Erde schützende Gottesgesetz, hineingeschrieben in das menschliche Gewissen, längst bevor es ein Strafgesetzbuch gab. Gilt es für deutsche unschuldige Menschen, auch wenn sie ‚unproduktiv' und nach der Auffassung gewisser Volksgenossen ‚lebensunwert' sind – gilt das für deutsche Menschen nicht mehr? Dann wehe dir, armes Deutschland! Wie sagt die Heilige Schrift: ‚Täuschet euch nicht! Gott läßt seiner nicht spotten. Was der Mensch sät, das wird er ernten.' " (Christoffel, S. 90).

Das Gefängnis in der Windstraße.

Der Widerstand der katholischen Kirche richtete sich jedoch in erster Linie gegen die Verletzung ihrer eigenen Prinzipien und ihres gesellschaftlichen Einflusses, weitaus weniger gegen die Verfolgung beispielsweise der Juden.

Wir gehen an der Domkirche vorbei durch die **Windstraße** und gelangen zum Gebäudekomplex des damaligen **Gefängnisses** (heute: Bischöfliches Diözesanmuseum). ⑩

Es wurde 1832/33 errichtet und diente bis 1977 als Justizgefängnis. Nach einem Umbau wurde hier im Juni 1987 das Diözesanmuseum eröffnet (Eine Gedenkplatte im Innern erinnert an die früheren Bestimmungen des Gebäudes). 1933 wurden dort die ersten politischen Häftlinge eingeliefert, unter ihnen der 22jährige Willi Torgau, Mitglied des Kommunistischen Jugendverbandes. Er blieb mehrere Monate in Haft, bevor er ins KZ Sonnenburg (östlich von Frankfurt/Oder) verschleppt wurde.

Im Gefängnis in der Windstraße wurden ab 1933 auch Trierer Juden in sogenannter „Schutzhaft" interniert, wie die über 100 Männer, die am Morgen des 10. November 1938 in der Synagoge verhaftet worden waren. Das Gebäude in der Windstraße diente schließlich auch als letzte Sammelstation der jüdischen Männer vor ihrem im Oktober 1941 beginnenden Abtransport in die Konzentrationslager. So auch für die letzte Gruppe Trierer Juden, die am 13. oder 14. Juni 1943, ausgerechnet am

Pfingstfest der Christen, durch die Stadt geführt wurden, ohne daß es die Bevölkerung zur Kenntnis nahm. (Bollmus, S. 562, 568).

Seit Mai 1940 war das Trierer Gefängnis zudem eine Zwischenstation für den Strom der politischen Gefangenen, die von der Gestapo in Luxemburg, Belgien und Frankreich verhaftet worden waren und von Trier aus auf deutsche KZs verteilt wurden. Mindestens 25 000 Gefangene durchliefen das Gefängnis in Trier. In manchen Viererzellen waren zeitweise zwanzig Menschen zusammengepfercht. Der damalige katholische Gefängnisgeistliche, Pfarrer Jonas, berichtet von Mißhandlungen und Folterungen durch die Trierer Gestapo. Auch Todesurteile wurden hier verhängt. Das Archiv der Pfarrei Liebfrauen gibt die Gesamtzahl der in Trier zum Tode Verurteilten mit „weit über 200" an. Jonas berichtete von einem Besuch in der Windstraße, bei dem er sechzehn Todeskandidaten begegnete. Sie waren am Vortag vom Volksgerichtshof, der in Trier tagte, zum Tod verurteilt worden (Jonas, S. 241). Zur Bewachung von zum Tode verurteilten Soldaten unterhielt die Militärgerichtsbarkeit eigenes Wachpersonal.

Mindestens vier Soldaten wurden im Zeitraum vom 26. Juni 1941 bis 30. März 1943 auf dem Grüneberg in Trier durch Erschießen exekutiert. In den Erinnerungen von Pfarrer Jonas heißt es über einen zum Tode Verurteilten: „Ein paar Tage später wurde er abgeholt; ich vermute, daß er, wie so viele andere, auf dem Grüneberg durch Erschießen hingerichtet wurde und dort verscharrt ist." (S. 245). Die Gesamtzahl der in Trier vollstreckten Todesurteile ist nicht bekannt.

Auf der anderen Seite der Windstraße sehen wir den massigen Bau des **Bischöflichen Konvikts**, eines Internats, in dem Klaus Barbie einige Jahre wohnte. Barbie, 1934 Abiturient des Friedrich-Wilhelm-Gymnasiums, wurde 1935 „Adjutant" des NSDAP-Ortsgruppenleiters Karl Horrmann und Spitzel des Trierer SD. Traurige Berühmtheit erlangte Barbie später als grausamer SS-Scherge im besetzten Frankreich, wo er der „Schlächter von Lyon" genannt wurde. Zynischerweise benutzte Barbie nach dem Krieg und nach seiner Flucht nach Lateinamerika den Namen des letzten Oberrabiners von Trier, Altmann. Dr. Altmann emigrierte mit seiner Familie aus Trier und starb nach mehrmaligen KZ-Inhaftierungen an Entkräftung in Auschwitz. Unter dem Namen Klaus Altmann diente Barbie bolivianischen Militärdiktatoren als Berater. Erst 1987 gelang es Beate und Serge Klarsfeld, ihn in dem Andenstaat aufzuspüren und eine Auslieferung nach Frankreich zu erwirken, wo er wegen „Verbrechen gegen die Menschlichkeit" verurteilt wurde.

Wir folgen der Windstraße und kommen durch einen Fußweg an einem
11 Schulhof vorbei. Dieser **Schulhof** gehörte damals noch zum **Kaiser-**

Wilhelm-Gymnasium (heute: Max-Planck-Gymnasium). Hier wurde im Mai 1933 wie in mehreren anderen Städten „volkszersetzende Literatur" verbrannt. Der Oberpräsident der Rheinprovinz hatte diese Bücherverbrennungen als Veranstaltungen der „Hitler-Jugend" (HJ) an höheren Schulen angeordnet. Unter dem Motto „Für deutsche Geistigkeit und Kultur"(!) verbrannten während einer geschlossenen Schulveranstaltung am 19. Mai – am 172. Jahrestag der Geburt Johann Gottlieb Fichtes – auf dem Hof des Kaiser-Wilhelm-Gymnasiums große Teile der Schulbücherei.

Wir gehen weiter geradeaus und stoßen auf die Ostallee, wo wir nach links abbiegen. Am Ende der Straße biegen wir rechts um die Ecke und ⓬ stehen auf dem kleinen Vorplatz eines mächtigen, grauen Gebäudes, in dem heute einige Bundesbahndienststellen und eine Versicherung untergebracht sind. Der düstere Bau in der **Christophstraße 1** war zunächst Sitz der Reichsbahndirektion Trier, deren Wappen mit den Buchstaben „RBDT" noch über dem Hauptportal zu sehen ist. In diesen düsteren Bau zog 1935 die Gestapo; hier wurden Festgenommene verhört und gefoltert. Edgar Christoffel schreibt in seinem Buch „Der Weg durch die Nacht":

Das Reichsbahngebäude am Balduinsbrunnen – seit 1935 Sitz der Gestapo.

„Die illegalen Gruppen der KPD arbeiteten in Trier bis 1936. Zwischendurch wurden die Kommunisten immer wieder verhaftet und in ‚Schutzhaft' genommen, ohne daß die Gestapo Genaueres über ihre illegale Tätigkeit wußte (...) Bei den Hausdurchsuchungen wurden dann auch bei einigen Kommunisten Flugblätter gefunden. Bei der Gestapo, die ihre Dienststelle im Reichsbahndirektionsgebäude am Balduinsbrunnen hatte, wurden die Verhafteten Tag und Nacht verhört, beschimpft, gedemütigt, bedroht und bei jedem Verhör geschlagen." (Christoffel, S. 124 und 125).

Willi Torgau, dessen Widerstand ihn vom Reichsbahn-Gebäude am Balduinsbrunnen bis in die KZs Sonnenberg und Esterwegen führte, berichtet:

„Im ersten Stock befand sich die Gestapo. 1936 wurde ich dorthin gebracht und verhört. Als besondere Schikane nutzte die Gestapo einen kahlen Betonraum, ohne Fenster, von der Größe einer Besenkammer. Dieser Raum war völlig leer bis auf einen Telefonapparat, der an der Wand hing. Die Gestapo drohte: ‚Wenn du was auszusagen hast, dann ruf an, vorher kommst du hier nicht raus!' Es gab nichts zu essen. Man mußte in diesem Raum stehen, denn der Boden war völlig verdreckt. Die Gefangenen wurden ja nicht einmal herausgelassen, um auf die Toilette gehen zu können. Es stank wie die Pest. Ich wurde nachmittags dort eingesperrt und durfte erst am späten Abend wieder heraus. Dann brachten sie mich zurück ins Gefängnis in der Windstraße."

Die Trierer Gestapo unterhielt eine Außenstelle im nahegelegenen SS-Sonderlager Hinzert, wo Angehörige der Gestapo und des SD das besonders berüchtigte Vernehmungskommando bildeten. Bei den Vernehmungen dieses Kommandos wurden vor allem Mitglieder des Luxemburger Widerstandes gefoltert. Der Leiter der Trierer Gestapo in den Jahren 1943/1944, Kriminalrat Walter Runge, ermittelte nach dem großen Streik, der in Luxemburg am 31. August 1942 aus Anlaß der Verkündung der allgemeinen Wehrpflicht stattfand, 29 Luxemburger „Rädelsführer". 23 von ihnen wurden im Wald bei Hinzert ermordet.

Vom Gestapo-Gebäude ist es nur ein kurzer Weg bis zum **Bahnhof,** von wo aus die Gefangenen in die KZs transportiert wurden. Der Abtransport der Juden erfolgte vom Güterbahnhof (!) aus.

Wer vor dem Gestapo-Gebäude steht und über die Kreuzung nach links blickt, sieht in die **Göbenstraße** hinein. Im vierten Haus von rechts – mit der Hausnummer **4** – befand sich ab 1938 die Kreisleitung der NSDAP. Es hatte in dieser Funktion das „Braune Haus" im Jakobsspitälchen abgelöst. Gleich nebenan, im Haus Nr. **6**, wohnten bis zu ihrer Deportation die jüdischen Bürger Oskar Marx, Otilie und Eugen Kaminski.

Wir folgen der Christophstraße, biegen die zweite Querstraße links ab, gehen durch die Kochstraße und folgen halbrechts der Sichelstraße bis zu einer Kreuzung. Hier ist heute ein Parkplatz an der Stelle, wo bis in die sechziger Jahre hinein das **Bischof-Korum-Haus** stand. In diesem Ge- 13
bäude spielte sich eins der dunkelsten Kapitel der Trierer NS-Geischichte ab: Das Bischof-Korum-Haus war seit April 1942 Sammelgefängnis für jüdische Frauen und Kinder vor ihrem Abtransport in die Konzentrationslager. Eine 1993 angebrachte Gedenktafel erinnert daran.

Das Haus war 1929–1931 auf Initiative der „Marianischen Jünglingscongregation" (MJC) gebaut worden, einer katholischen Jugendorganisation, deren Jugendzentrum in der Rindertanzstraße [an der linken Kopfseite des Parkplatzes] zu sehen ist. Benannt wurde es nach Felix Korum, der vierzig Jahre lang Bischof von Trier war (1881–1921). In dem Gebäude befanden sich eine Turnhalle, einige Gruppenräume und ein großer Versammlungssaal, in dem Filme gezeigt wurden und in dem das Städtische Theater nach dem Krieg noch für kurze Zeit Aufführungen durchführte. Zwischen 1931 und der Schließung durch die Nazis Ende 1937 diente das Haus als Zentrum der katholischen Jugendarbeit in Trier. Die neuen Machthaber aber pervertierten es zur Stätte der Vorbereitung ihrer Verbrechen: Ab April 1942 diente das Haus als Sammelgefängnis für die jüdischen Mitbürgerinnen Triers vor ihrer Deportation nach Lublin, Theresienstadt und Auschwitz. Wie eine solche Deportation vorging, berichtete Erich Süßkind, einer der wenigen Überlebenden:

„Am 27. Februar 1943 in der Morgendämmerung wurde ich mitsamt meiner Frau und meinem minderjährigen Sohn verhaftet. Ich selbst kam, wie alle jüdischen Männer, ins Gefängnis in der Windstraße, während meine Frau und mein Sohn mit den anderen jüdischen Frauen und Kindern ins Bischof-Korum-Haus gebracht wurden, wo sie unter der Bewachung der SS standen. Der Transport ging zunächst nach Dortmund. Dort wurden alle Trierer Juden – Männer, Frauen und Kinder – in den Städtischen Schlachthof (!) gebracht, wo schon Juden aus anderen Städten warteten. Es wurde ein neuer Transport zusammengestellt.

In Viehwagen zusammengepfercht, ging der Zug am 2. März ab nach Auschwitz, wo er am 3. März ankam. Während der Fahrt gab es nichts zu essen und nichts zu trinken. In Auschwitz wurden zunächst die Frauen und Kinder von den Männern getrennt. Damals sah ich meine Frau und meinen Sohn zum letzten Mal auf der Rampe." (Zenz, Geschichte der Stadt Trier, S. 120 f.) Es handelte sich bereits um den vierten solcher Transporte aus Trier; drei waren vorausgegangen (16. Oktober 1941, 24. April und 25./27. Juli 1942), zwei weitere folgten am 16. März und am 17. Juni 1943. Mit dem letzten wurde der Vorstand der jüdischen Kultus-

Das Bischof-Korum-Haus in der Rindertanzstraße (Juni 1939).

gemeinde, den die Gestapo bis dahin mit Drohungen und Versprechungen als Werkzeug mißbraucht hatte, abgeschoben. Er bestand aus denjenigen Bürgern, die an dem schon erwähnten Pfingstfest 1943 durch die Straßen der Stadt, diesmal zum Gefängnis, geführt worden waren. Man brachte sie nach Auschwitz.

Mehr als 400 Trierer Juden sind in KZs deportiert worden, fast alle wurden umgebracht. Nur vierzehn – nach anderen Angaben zwanzig – kehrten nach Trier zurück. (Bollmus, S. 562–568).

Die Entwicklung der NSDAP in Trier bis 1933

„Möge das Hakenkreuz ewig als Flagge (...) wehen!“
(Reichsminister Rust zur Grundsteinlegung der Hochschule für Lehrerbildung, heute: Fachhochschule, am 8. Juni 1936)

Die National-Sozialistische-Deutsche-Arbeiter-Partei (NSDAP) wurde am 8. August 1920 in München gegründet. Nach dem mißglückten Putschversuch am 9. November 1923 wurde sie verboten und Hitler zu fünf Jahren Haft verurteilt. Trotz des milden Urteils wurde er bereits nach acht Monaten wieder freigelassen. Seine Haftzeit hatte er genutzt, um den ersten Teil von „Mein Kampf“ zu schreiben. Am 25. Februar 1925 wurde die NSDAP wiedergegründet.

In Trier fand die Gründungsveranstaltung einer NSDAP-Ortsgruppe am 26. November 1925 statt. An ihr nahmen neun Personen teil. Im April 1926 wurden im Anschluß an eine Versammlung in der Tonhalle (Deutschherrenstraße) Flugblätter verteilt, die gegen die jüdische Bevölkerung gerichtet waren.

Mit der Hakenkreuzfahne trat die SA zum ersten Mal am 26. November 1927 auf. 1928 hatte die Partei 22 Mitglieder in Trier. Sie ging nahezu

Gauleiter Simon (3. v. links) bei der Maifeier auf dem Palastplatz (1937).

wieder ein, bis der spätere Gauleiter Gustav Simon sie ab Januar 1930 neu organisierte. Erste Erfolge zeigten sich im Jahr 1930. Anfang des Jahres wurde der Westmark-Verlag gegründet, und das „Trierer Nationalblatt" erschien ab dem 9. Juni.

Nach zwölfjähriger Besatzungszeit verließen die Franzosen zum 30. Juni 1930 die Stadt. Diese „Rheinlandbefreiung" erzeugte eine nationale Hochstimmung, deren Höhepunkt der Besuch des Reichspräsidenten Hindenburg war.

Im selben Zeitraum ereigneten sich aber auch Unruhen und Ausschreitungen gegen tatsächliche und vermeintliche Separatisten, die vor allem zur Zeit der französischen Ruhr-Besetzung im Herbst 1923 für eine eigenständige „Rheinische Republik" eingetreten waren. Die Verschlechterung der wirtschaftlichen Lage (u. a. entfiel die Kaufkraft der ca. 10 000 Franzosen) führte ab 1930 zu einem Aufschwung für die Nationalsozialisten. Sie verübten erste brutale Übergriffe auf Juden und politische Gegner.

Die Reichstagswahl am 14. September 1930 brachte der NSDAP mit 16,4 % einen sensationellen Erfolg. Sie wurde zur zweitstärksten Partei in Deutschland. Etwa 2 000 Teilnehmer fanden sich zur ersten größeren Veranstaltung in der Trierer Tonhalle ein.

Ergebnisse der Reichstagswahlen 1928–1933 in der Stadt Trier und im Deutschen Reich (in Klammern) in Prozent

	Wahlbeteiligung	KPD	SPD	DDP	Zentrum	Wirtschaftspartei	DVP	DNVP	NSDAP
20. Mai 1928	73,9 (75,6)	7,8 (10,6)	13,1 (29,8)	2,8 (4,8)	46,3 (15,2)	5,4 (2,5)	7,4 (8,7)	7,1 (14,2)	1,4 (2,6)
14. Sept. 1930	73,9 (82,0)	7,7 (13,1)	10,7 (24,5)	2,5 (3,8)	43,1 (14,8)	7,3 (3,9)	3,9 (3,5)	5,8 (7)	16,4 (18,3)
31. Juli 1932	80,5 (84)	11,6 (14,6)	10,5 (21,6)	0,2 (1,0)	47,6 (15,7)	0,8 (0,4)	1,1 (1,2)	4,4 (5,9)	23,1 (37,3)
6. Nov. 1932	69,7 (. . .)	11,3 (16,9)	10,1 (20,4)	0,3 (1,0)	48,1 (11,9)	0,5 (/)	1,8 (1,9)	7,0 (8,3)	20,0 (33,1)
5. März 1933	85,8 (88,7)	8,3 (12,3)	8,1 (18,3)	0,3 (0,8)	43,5 (14,0)	/ /	1,1 (1,1)	6,5 (8,0)	31,9 (43,9)

Nach H. Monz, Die politischen Wahlen in der Stadt Trier während der Weimarer Zeit, in: Kurtrierisches Jahrbuch 1964, S. 84 ff.

Die erste „Braune Messe" in der Tonhalle (1934).

1932 hatte die Partei in Trier sechs Ortsgruppen und ca. 900 Mitglieder, dies entsprach 1,3 % der Bevölkerung. Mindestens die Hälfte der Mitglieder waren Arbeiter, es fanden sich aber auch mittlere Beamte und Kaufleute darunter.

Trotz „relativ schlechter" Wahlergebnisse beherrschten die Nazis die Straße – Schlägereien waren an der Tagesordnung. „Lange schon war auch die Trierer Justiz, wie die der Weimarer Republik allgemein, in den Verdacht geraten, über Täter aus dem linken Lager weitaus härter zu urteilen als über solche aus dem rechten." (Bollmus, S. 522).

Vor der Wahl im Juli 1932 steigerten sich die Auseinandersetzungen: Am 25. Januar 1932 bildete sich – als Schutzorganisation gegen die Gewalttaten der SA – die „Eiserne Front". Sie setzte sich aus dem „Reichsbanner Schwarz-Rot-Gold" (SPD, DDP [Deutsche Demokratische Partei] und Zentrum), den Arbeitersportlern und den Freien Gewerkschaften zusammen.

Bei den Reichspräsidentenwahlen am 13. März 1932 entfielen 70,5 % der Trierer Stimmen auf Hindenburg (im Reich 49,6 %) und „nur" 16,1 % auf Hitler (30,1 %).

Aufgrund ihres radikalen Vorgehens wurden SA und SS am 13. April 1932 verboten. Das Verbot wurde jedoch zwei Monate später wieder aufgehoben. Es folgte eine weitere Verschärfung des Terrors.

Am 20. April 1932 wurde Hitler von 7 000 Zuhörern (laut „Nationalblatt" 30 000) vor und in der Tonhalle bejubelt.
Im Juli gab es das erste Todesopfer in Trier. Hermann Möschel, ein Mitglied des „Reichsbanners", erlag seinen Schußverletzungen. Nach einer Veranstaltung der „Eisernen Front" in Pfalzel hatten etwa 200 Nationalsozialisten den Festzug überfallen. Kurze Zeit nach der Beerdigung von Möschel, der 5 000 Trierer beiwohnten, lobte Prinz August Wilhelm von Preußen (ein Sohn Kaiser Wilhelms II.) in der Tonhalle die Täter und ermutigte sie, auch in Zukunft „den roten Mörderbanden die Zähne [zu] zeigen." Auch nach dieser Veranstaltung kam es wieder zu Schlägereien zwischen Kommunisten und Nationalsozialisten.
Zwei Wochen später gab es erneut einen Toten. Beim Plakatekleben wurde der Sohn des früheren kommunistischen Stadtverordneten Johann Ries von einer Polizeistreife durch Kopfschuß getötet, da einer der Beamten sich bedroht gefühlt hatte.
Bei der Reichstagswahl am 31. Juli 1932 hatte die NSDAP in Trier (23,1 %) gegen die katholische Zentrumspartei (47,6 %) keine Chance, wurde aber im Reich mit 37,3 % zur stärksten Partei. Hindenburg lehnte Hitler zu diesem Zeitpunkt noch als Kanzlerkandidaten ab.
Die wirtschaftliche Not verschärfte sich. In Trier waren 30 % der Bevölkerung abhängig von der Unterstützung durch Arbeitsamt oder Fürsorge. Anfang des Jahres gab es 15 000 arbeitslose Trierer.
Im September zog die NSDAP ins Jakobspitälchen 3 und faßte hier alle Parteidienststellen zusammen. Dieses „Braune Haus" erhielt nach dem 30. Januar 1933 einen braunen Anstrich.

Ergebnisse der Stadtverordnetenwahlen (1928–1933) in der Stadt Trier und im Deutschen Reich (in Klammern) in Prozent

<table>
<tr><th></th><th>Wahlbeteiligung</th><th>KPD</th><th>SPD</th><th>DDP</th><th>Zentrum</th><th>Wirtschaftspartei</th><th>DVP</th><th>DNVP</th><th>NSDAP</th></tr>
<tr><td>17. Nov. 1929</td><td>60,9</td><td>9,0</td><td>10,0</td><td>2,8</td><td>47,6</td><td>12,9</td><td>4,8</td><td>5,3</td><td>2,6</td></tr>
<tr><td>14. Sept. 1930</td><td>72,5</td><td>7,7</td><td>10,7</td><td>2,7</td><td>41,5</td><td>9,2</td><td>3,6</td><td>6,8</td><td>14,1</td></tr>
<tr><td>12. März 1933</td><td>69,9</td><td>5,0</td><td>7,5</td><td>1,7</td><td>46,1</td><td colspan="2">1,8</td><td>7,7</td><td>30,0</td></tr>
</table>

Nach H. Monz, Die politischen Wahlen in der Stadt Trier während der Weimarer Zeit, in: Kurtrierisches Jahrbuch 1964, S. 84 ff.

Auch bei der nächsten Wahl am 6. November 1932 blieb Trier eine Hochburg des Zentrums.

In der Silvesternacht wurde der Ehranger KPD-Vorsitzende Peter Greif von einem Nationalsozialisten niedergeschossen. Er starb wenige Tage später.

Am 30. Januar 1933 ernannte Hindenburg Hitler zum Reichskanzler. Anläßlich dieser sogenannten „Machtergreifung" gab es in Trier eine Massenveranstaltung und einen Fackelzug. Gauleiter Simon und der Kreisleiter Trier-Land-West, Wipper, sprachen auf dem Viehmarktplatz.

Einem Protestmarsch der SPD verweigerte die KPD in Trier – wie auch anderswo – die Teilnahme.

Im Februar begleitete die Polizeikapelle einen Propagandamarsch der NSDAP. Der neue Trierer Polizeipräsident Stötzel entpuppte sich im Amt als „alter Kämpfer", d. h. als NSDAP-Mitglied vor 1933.

Für den 5. März 1933 wurden Neuwahlen angesetzt. Es begann ein Wahlkampf, der in Bezug auf Terror gegen politische Gegner alles bisherige übertraf. Am 28. Februar erließ der Reichspräsident die „Notverordnung zum Schutz von Volk und Staat" (Reichstagsbrandverordnung). Eine Verhaftungswelle setzte im ganzen Reich ein, die gegen Kommunisten (darunter waren in Trier auch Jugendliche), Juden, Sozialdemokraten, Reichsbannerangehörige, Separatisten und sonstige NSDAP-Gegner gerichtet war. Überall fanden Razzien und Hausdurchsuchungen statt.

Die Trierer „Schutzhäftlinge" kamen zunächst ins Polizeigefängnis in der Eurener Straße (Städtische Kaserne) und wurden im Herbst ins KZ Sonnenburg bei Frankfurt an der Oder überführt. Am 23. November wurden z. B. 15 Kommunisten von Trier aus dorthin gebracht.

Im März 1933 überschlugen sich die Ereignisse: Am 1. März wurden in Trier zwanzig Mann aus SA und „Stahlhelm" mit Karabinern bewaffnet und als Hilfspolizisten eingesetzt. Damit wurde der Verfolgung politischer Gegner Tür und Tor geöffnet.

Drei Tage später gab es erneut ein Todesopfer. Der Arbeiter Johann Schirra wurde einen Tag vor der Reichstagswahl in der Krahnenstraße von der SA erschossen.

Auch bei dieser Wahl lagen die Stimmanteile der NSDAP (31,9 %) weit unter dem Reichsdurchschnitt (43,9 %). Trotzdem fühlten sich SA und SS als „Herren von Trier". Als Zeichen der „Machtergreifung in der alten Zentrumshochburg" hißten sie die Hakenkreuzfahne auf dem Hauptmarkt. Einen Tag später wehte sie auch auf dem Rathaus und dem Regierungsgebäude.

Die zentrumsgeführte Stadtverwaltung wurde nun verstärkt gedemütigt und von bewaffneten SA-Männern bedroht. Oberbürgermeister Weitz

mußte gegenüber dem Regierungspräsidenten zugeben, die Polizei nicht mehr in den Händen zu haben.
Am 8. März 1933 stürmte die SA das Karl-Marx-Haus. Dort befand sich seit September 1932 die Redaktion der sozialdemokratischen „Volkswacht“. Einen Tag darauf waren das Gewerkschaftshaus in der Dietrichstraße und das Haus der Christlichen Gewerkschaften in der Petrusstraße an der Reihe. Wieder einen Tag später erfolgten erste Boykottaktionen gegen „jüdische“ Kaufhäuser.
Am 12. März 1933 waren Stadtverordnetenwahlen. Da die NSDAP „nur“ ein Drittel der Stimmen erhielt, während die Zentrumspartei erneut hinzugewinnen konnte, sah sich das Nationalblatt genötigt, scharfe Artikel zu verfassen.
Am 23. März wurden erneut 63 SA-, SS- und „Stahlhelm“-Leute als „Hilfspolizeiorgan der Trierer Regierung“ verpflichtet und vor allem bei Durchsuchungen eingesetzt.
Am 24. März 1933 wurde das „Gesetz zur Behebung der Not von Volk und Reich“ (Ermächtigungsgesetz) erlassen. Die Reichsregierung erhielt nun die Gesetzgebungsbefugnis.
Auch in Trier wurden die KPD-Vertreter – nach dem vorläufigen Gesetz zur Gleichschaltung der Länder mit dem Reich vom 21. März 1933 – von der Stadtverordnetenversammlung ausgeschlossen.
Anfang April erschien das „Nationalblatt“ mit folgendem Aufmacher: „Nieder mit Juda! ... Das Strafgericht über den Weltfeind bricht herein!“ Die Aktionen gegen die jüdische Bevölkerung häuften sich.
Am 19. April wurde Hitler in Trier, so wie in vielen anderen Städten, zum Ehrenbürger ernannt. Trier erhielt seinen Adolf-Hitler-Platz (Porta-Nigra-Platz) und eine gleichnamige Straße (Nordallee/Bahnhofstraße). Zwei Tage später wurde am Kriegerehrenmal am Katharinenufer eine „Hitler-Hindenburg-Eiche“ gepflanzt.
Der 1. Mai 1933 wurde zum „Tag der nationalen Arbeit“ umfunktioniert. Nicht die internationale Arbeiterbewegung, sondern der deutsche Arbeiter sollte gefeiert werden. So versammelten sich 20 000 Menschen bei einer Kundgebung im „Hermann-Göring-Stadion“ (heutiges Moselstadion). Auf dem Viehmarkt wurde eine Goebbels-Rede übertragen.
Am Tag darauf wurden reichsweit alle Gewerkschaftsbüros besetzt und ihre Vertreter verhaftet.
Am 4. Mai bezog die Redaktion des „Nationalblattes“ das Karl-Marx-Haus. Die Zeitung konnte jetzt auch in Trier (vorher: Koblenz) verlegt und gedruckt werden.
Die SPD wurde am 22. Juni 1933 verboten, die KPD war schon seit März im Untergrund, und die Zentrumspartei löste sich zwei Wochen später

Die erste Stadtratsfraktion der NSDAP mit Albert Müller (3. vorne links), dem Kreisleiter Trier-Stadt.

Der Porta-Nigra-Platz wird in Adolf-Hitler-Platz umbenannt (1933).

NSDAP

Nationalsozialistische Deutsche Arbeiterpartei

Kreisleitung Trier-Stadt

Geschäftsstelle: Göbenstraße 4, ☎ 2414
Sprechstunden des Kreisleiters täglich vormittags von 10—13 Uhr
Geschäftsführung: Göbenstr. 4, ☎ 2414
Sprechstunden täglich vormittags von 10—13 Uhr
Propagandaleitung: ☎ 2482; Sprechstunden täglich von 11—13 Uhr
Kreiswaltung der DAF, Petrusstr. 31, ☎ 4161
Verwaltungsstelle der DAF, Petrusstr. 31, ☎ 4161
NS-Gemeinschaft „Kraft durch Freude", Petrusstr. 31, ☎ 4161
Amt für Beamte, Ostallee 20, ☎ 3145
Amt für Erzieher, Ostallee 20, ☎ 2335
Amt für Volkswohlfahrt, Irminenfreihof, ☎ 3689
Amt für Volksgesundheit, Ostallee 20, ☎ 4525
Kreisfrauenschaftsleitung, Ostallee 20, ☎ 3488
Kreisgericht der NSDAP, Ostallee 20, ☎ 2335
NS-Kriegsopferversorgung, Glockenstr. 7, ☎ 2584
Bannführung der HJ, Augustinerhof, ☎ 4686
Untergauführung des BDM, Augustinerhof, ☎ 2420
SS-Standarte „Mosel", Egbertstr. 11, ☎ 4883
SS-Sturmbann I/5, Egbertstr. 11, ☎ 4883
SA-Standarte 29, Kölnerstr. 58, ☎ 3761
SA-Brigade 152, Martinsufer, ☎ 4939
SA-Reiterstandarte 152, An der Hospitalsmühle 2
SA-Reserve, Maximinstr. 18 (Kaserne), ☎ 2576
NS-Fliegerkorps, Gruppe 11, Standarte 75, Sturm 3,
Fliegerheim Maximin, ☎ 2195
NSKK-Standarte, Thyrsusstr., ☎ 3575
Gaustudentenführung, Ostallee 20, ☎ 1736
Ortsgruppe der NSDAP Trier-Nord, Maarstr. 13, ☎ 3839
Ortsgruppe der NSDAP Trier-Süd, Saarstr. 60, ☎ 2284
Ortsgruppe der NSDAP Trier-Ost, Güterstr. 51, ☎ 1175
Ortsgruppe der NSDAP Trier-West, Gneisenaustr., ☎ 3090
Ortsgruppe der NSDAP Trier-Mitte, Brückenstr. 23, ☎ 3492
Ortsgruppe der NSDAP Trier-Porta-Nigra, Martinsuf. 3, ☎ 1752
Ortsgruppe der NSDAP Trier-Euren, Schulstr., ☎ 3186
Ortsgruppe der NSDAP Trier-Biewer, Biewererstr. 88, ☎ 4815

Reichsluftschutzbund: Bezirksgruppe, Johannisstr. 1, ☎ 4970
Ortsgruppe, Fleischstr. 76 (Feuerwache), ☎ 4636
Kreisgruppe Trier-Land, Moltkestr. 44, ☎ 4620
Ortsgruppe Trier-Land, Paulinstr. 27, ☎ 4131

Die NSDAP in Trier (1938).

selbst auf. Die Neubildung von Parteien wurde verboten. Die NSDAP war nun Staatspartei.

Mit dem Vatikan schloß das Reich am 20. Juli 1933 das Konkordat ab, eine Übereinkunft, um den politischen Katholizismus auszuschalten, während die Kirche ihre Rechte sichern wollte.

Drei Tage später wurde im Trierer Dom die Ausstellung des „Heiligen Rockes“ eröffnet. Führende Vertreter aus Staat und Partei, darunter Vizekanzler von Papen, wohnten ihr bei. Nationalsozialisten in Uniform fungierten als Ordnungskräfte.

Oberbürgermeister Weitz wurde am 20. Oktober seines Amtes enthoben und durch den NSDAP-Funktionär Ludwig Christ aus Koblenz ersetzt. Am 5. November wurde Hermann Göring wie bei einem Staatsbesuch in Trier empfangen. Das „Nationalblatt“ sprach von einer „Triumphfahrt durch die Stadt“.

Einen Tag darauf erschoß die SA bei einer nächtlichen Auseinandersetzung einen Bürger namens Hartmann in der Kirchstraße.

Bei dem Plebiszit, genannt „Reichstagswahl", am 12. November 1933 erreichte die einzige zugelassene Partei, die NSDAP, in Trier mit 95 % mehr Stimmen (+ 3,5 %) als im Reichsdurchschnitt. Natürlich hatte es sich um eine alles andere als „freie“ Wahl gehandelt. Denn es wurde z. B. keinerlei Gegenpropaganda zugelassen.

Nach außen hin war aus dem „schwarzen“ ein „braunes“ Trier geworden und zeigte das übliche Bild einer nationalsozialistischen Stadt.

Hitlerportrait an der Porta Nigra (April 1938).

NS-Propagandachef Goebbels in Trier (Juni 1939).

Der spätere Präsident des „Volksgerichtshofs", Dr. Roland Freisler (damals Staatssekretär) vor der Porta Nigra (Januar 1942).

Hitler bei der Durchfahrt durch Trier (Mai 1939).

Trier als NS-„Metropole“

Trier gehörte seit 1930 zum NSDAP-Gau „Koblenz-Birkenfeld-Trier“, seit etwa 1935 „Gau Koblenz-Trier“ genannt. In diesen wurde Luxemburg nach der Besetzung des Großherzogtums im Mai 1940 einbezogen, ohne daß es offiziell staatsrechtlich dem „Deutschen Reich“ zugeschlagen wurde. Dieses Territorium erhielt im Januar 1941 den Namen „Gau Moselland“.

Während Koblenz die politische Hauptstadt des Gaus war, sollte Trier eine geistige, weltanschauliche und kulturelle Metropole werden, die nach Westen hin, also in Richtung Frankreich und Luxemburg, ausstrahlen sollte, während es innenpolitisch darum ging, den Charakter einer katholischen Stadt grundlegend zu ändern und den Einfluß des Bischofs zu bekämpfen. Dies versuchte man unter anderem durch zahlreiche Großveranstaltungen zu erreichen. Hierzu gehören z. B. der Kreisparteitag 1937, die Gaulehrertagung im Juli 1937 (bei der abschließenden Kundgebung im Palastgarten waren 12 000 Parteimitglieder und 37 000 Besucher anwesend), sowie der Gauparteitag 1939 mit 10 000 Teilnehmern.

Die üblichen NS-Gedenktage wie der Geburtstag Hitlers oder der Jahrestag des „Marsches auf die Feldherrenhalle“ in München am 9. November wurden ebenfalls zur Selbstdarstellung der NSDAP genutzt.

Darüber hinaus plante man neue nationalsozialistische Institutionen. Davon konnten nur zwei, nämlich die Hochschule für Lehrerbildung bzw. Lehrerbildungsanstalt sowie die Gaubräuteschule verwirklicht werden. Die anderen kamen, vor allem kriegsbedingt, nicht über das Planungsstadium hinaus.

Reichsbildungsminister Rust eröffnet die Hochschule für Lehrerbildung am Schneidershof (Juni 1936).

Die Hochschule für Lehrerbildung – Lehrerbildungsanstalt

Am 3. Juni 1936 kündigte das „Nationalblatt“ für den Herbst des Jahres die Einrichtung einer Hochschule für Lehrerbildung in der Stadt Trier an. Sie wurde zunächst provisorisch in der Hildegardisschule in der Mustorstraße untergebracht und am 2. November 1936 eröffnet.

Am 8. Juni 1936 erfolgte die feierliche Grundsteinlegung für den Neubau auf Schneidershof, die heutige Fachhochschule. Reichsminister Rust betonte, daß die Trierer Hochschule „(...) als Stätte der Geistesbildung im Westen des Reiches eine hohe Mission zum Nutzen des Volkes zu erfüllen habe...Möge das Hakenkreuz ewig als Flagge über dieser Schule wehen!“ Der Krieg verhinderte die Fertigstellung.

1940 sollten – auf Erlaß Hitlers – Lehrer nicht mehr an Hochschulen, sondern an Lehrerbildungsanstalten ausgebildet werden. Jungen und Mädchen sollten besonders auf „Charakter, Kameradschaft, Führereignung, sowie körperliche und sportliche Leistungsfähigkeit“ geprüft werden. Die Hochschule für Lehrerbildung wurde zu Beginn des Krieges geschlossen und am 30. April 1941 als Lehrerbildungsanstalt wiedereröffnet. Sie bestand drei Jahre. Von ihrem – gewiß verhängnisvollen – Wirken wissen wir wegen des Verlusts fast aller Akten so gut wie nichts.

Gründung einer Universität

Im August 1940 schlug Gauleiter Simon „aus historisch-völkischen, politisch-weltanschaulichen und wirtschaftlichen Gründen“ die Gründung einer Universität in Trier vor – gewiß einer anderen als der, die von 1473 bis 1795 bestanden hatte. Über den Vorgang wissen wir Unterschiedliches. Zum einen stellte Reichserziehungsminister Rust – immerhin Trierer Ehrenbürger seit 1936 – die Verlegung der Universität Gießen nach Trier in Aussicht. Als sich daraufhin Gauleiter Bürckel für Saarbrücken als neuem Standort dieser Universität stark machte, soll Hitler die ganze Angelegenheit „auf Dauer des Krieges“ vertagt haben. Zum anderen ist aktenmäßig nachweisbar, daß Bormann den Antrag Simons ablehnte, offenbar im Hinblick auf die Schwierigkeit, mitten im Krieg qualifiziertes Lehrpersonal zu finden. (Bollmus, S. 582).

Die Gaubräuteschule

Die Gaubräuteschule war für junge deutsche Frauen über 18 Jahren gedacht. Diese konnten sich hier auf ihre künftige Rolle als Ehefrau und Mutter vorbereiten. Die Schule wurde 1942 auf der Burg Ramstein eingerichtet.

Die Reichspropagandaschule

Sie sollte im Rudolfinum, einem Priesterseminar auf dem Palliener Berg (heute: Katholische Akademie), ihren Platz finden. Das Rudolfinum war seit 1940 von der Luftwaffe belegt und wurde 1941 für den Zweck einer Reichspropagandaschule beschlagnahmt. Da das Reichsluftfahrtministerium aber keine anderen geeigneten Räume fand, blieb die Luftwaffe dort. Nach dem Krieg sollten hier aber Propagandisten des NS-Reiches ausgebildet werden. Das Haus war bereits 1938 von der Organisation Todt (Westwall) benutzt worden.

Die Grenzlandschule der DAF

Für dieses Projekt gab die NSDAP sogar ein Preisausschreiben in Auftrag. Neben der Schule, die zwischen dem Bootshaus und St. Martin entstehen sollte, waren auch eine Jugendherberge sowie Staatsjugendheime geplant. Die Deutsche Arbeitsfront (DAF) wurde, nach Auflösung aller Gewerkschaften, als ,,Organisation aller schaffenden Deutschen der Stirn und der Faust" am 10. Mai 1933 gegründet und schloß Arbeitgeber und Arbeitnehmer ein. Auf Grund der Mitgliederzahl (Beitrittszwang) und des angeeigneten Gewerkschaftsvermögens war die DAF in der Lage, eigene Wirtschaftsunternehmen zu entwickeln (z. B. Volkswagenwerk). Ein Sonderzweig der DAF war die NS-Gemeinschaft ,,Kraft durch Freude" (KdF) für die Urlaubs- und Freizeitgestaltung.

Die ,,Napola"

Der Baubeginn der National-Politischen-Erziehungsanstalt war für April 1940 geplant. Auf dem Gläsgesberg beim Sievenicher Hof sollte ein repräsentativer Bau entstehen, der sich an wegweisenden Großbauten des Dritten Reiches orientieren sollte. Führungskräfte für Staat und Partei sollten hier herangezogen werden.

Das moselfränkische Landesmuseum

Das Museum sollte auch der kulturellen Verflechtung des Mosellands mit Luxemburg dienen, das nach dem Einmarsch deutscher Truppen bereits politisch und administrativ mit dem Reich verbunden worden war.

Das Lebensbornheim

Diese reinen Entbindungsheime unterstanden dem ,,Persönlichen Stab des Reichsführers der SS", Himmler. Vor allem das katholische Trier sollte sich mit einer solchen Einrichtung getroffen fühlen.

Hierfür vorgesehen war das Kloster der Borromäerinnen in Olewig. Die deutsche Frau sollte für Nachwuchs sorgen, um die ,,Ewigkeit des deutschen Volkes" zu sichern. Dabei war es unerheblich, ob die Kinder ehelich oder unehelich waren.

Sonstige Vorhaben

Am Irminenfreihof sollte ein ,,Ehrenhof" (in Richtung Mosel) und ein ,,Stadthof" (in Richtung Stadt) entstehen, die zur Unterbringung von Partei-, Militär- und Zivilbehörden gedacht waren. Im Kurfürstlichen Palais war ein Großmuseum geplant. Auf dem Weißhausgelände sollte eine Kuranlage für KdF-Urlauber errichtet werden und im Bering des alten Proviantamtes in der Langstraße eine KdF-Massenherberge. Insgesamt neun Staatsjugendheime waren geplant: Trier-Mitte (Frankenturm), Kürenz (bei der Turnhalle), Trier-Ost, Trier-West, Olewig, Euren, Trier-Süd und Trier-Nord (Bootshaus/St.Martin). In Biewer wurde die ,,Burg" als HJ-Heim fertiggestellt. Zum gleichen Zweck wurde 1935 auch das Landheim der katholischen Pfadfinder auf dem Kockelsberg beschlagnahmt. Darüber hinaus sollte das Trierer Stadtwappen mit der Darstellung des Apostels Petrus wegen seines religiösen Inhaltes geändert werden. Oberbürgermeister Dr. Konrad Gorges konnte sich hierzu nicht entschließen.

Umbenennungen von Straßen, Plätzen und Schulen

Die Veränderungen im Stadtbild zeigten sich auch in zahlreichen Namenswechseln. Unliebsame Namen wurden beseitigt, Parteigrößen und ,,Vorbilder" bekamen die ,,Ehrung". Auf dem Trierer Stadtplan fand sich nun eine Adolf-Hitler-Straße (Bahnhofstraße/Nordallee), Sümmermannstraße (heutige Dasbachstraße), Albert-Leo-Schlageter-Straße (Kaiserstraße) und General-Wellmann-Straße (heutige Wyttenbachstraße), ein Langemarck- und Horst-Wessel-Ufer (Katharinen-/Matthiasufer), ein Hermann-Göring- (heutiges Moselstadion) und ein Adolf-Hühnlein-Stadion (heutiges Waldstation) sowie einen Ludwig-Christ-Platz (zunächst der Simeonstiftplatz, später der Viehmarkt). Die Friedrich-Ebert-Allee und Stresemannstraße verschwanden, ebenfalls die Jesuiten- und Synagogenstraße. Die politischen Veränderungen nach 1933 wirkten sich nach und nach auch auf das gesamte Schul- und Erziehungswesen aus. Beispielhaft sind hier die Volksschulen erwähnt. Die Schulbezirke wurden von den Pfarrbezirken getrennt und umstrukturiert. Äußerliches Zeichen dieser Veränderungen waren die Namensänderungen in Herbert-Norkus-Schule, Horst-Wessel-Schule, Oswald-Boelke-Schule, Manfred-von-Richthofen-Schule oder Göbenschule. Das Nationalblatt würdigte im April 1937 die Umbenennungen nach ,,Vorbilder(n) heldischen Lebens und Sterbens".

Juden in Trier

,,Die Judenfrage wird für uns gelöst. Endlich und endgültig! Und da gibt es doch einzelne Menschen, die noch etwas ,Mitleid' oder ähnliches mit denjenigen fühlen."

Carl W. Gilfert, Hauptschriftleiter des ,,Trierer Nationalblatts", 15. 11. 1938

Antisemitismus in der Bevölkerung vor 1933 scheint kaum eine Rolle gespielt zu haben. So berichtet Jacques Jacobs: ,,Es gab zu jener Zeit keine Vereinigung für christlich-jüdische Freundschaft. Sie wäre auch unnötig gewesen, denn die Freundschaft zwischen den Familien war so selbstverständlich wie das Amen in Kirche und Synagoge. Die christlichen und jüdischen Bürger hatten als Kinder zusammengespielt. Und so gehörten sie ganz einfach zusammen."

Allerdings schränkt Jacobs seine Aussage selbst durch die Bemerkung ein, daß ,,im Ruderverein, vom traditionellen Antisemitismus angekränkelt, die Kandidatur von Juden ein Problem bedeutete". (Dr. Adolf Altmann zum Gedenken, hrsg. von der Stadt Trier, S. 21).

Bereits auf den ersten Versammlungen der NSDAP in Trier wurde die Rassenlehre als zentraler Punkt der NS-Weltanschauung herausgestellt. So berichtet die sozialdemokratische ,,Volkswacht" am 4. Oktober 1926 unter dem Titel ,,Geistloser Radau statt Politik":

,,Typisch ist nur in solchen Veranstaltungen ..., daß alles Elend auf dieser Welt die Juden und Sozialdemokraten verschuldet haben. Das Wort Jude brillierte in allen möglichen und unmöglichen Wortzusammenstellungen und mancher jüdischer Mitbürger, der noch ahnungslos in die Welt schaut, hätte hier erst einmal erfahren können, wie verderbt seine Rasse ist." (Volkswacht, 4. Oktober 1926).

Schon zu Beginn der 30er Jahre ereigneten sich Übergriffe seitens der Nationalsozialisten gegenüber jüdischen Mitbürgern.

Nach dem 30. Januar 1933 nahmen die Verfolgungen der Juden auch in Trier zu. Nach dem ,kleinen Boykott' einiger jüdischer Warenhäuser am 8. März 1933 boykottierte die SA am 10. März jüdische Kaufhäuser. Personen, die dort einkaufen wollten, wurden zwecks Einschüchterung fotografiert. Da diese Aktion wenig Erfolg zeigte, besetzte die SA sowohl das Kaufhaus Haas (Fahrstraße) als auch das Kaufhaus Erwege (Fleischstraße). Die beiden Kaufhäuser mußten für einen Tag geschlossen werden.

Verdrängung aus dem gesellschaftlichen Leben der Stadt

Am 1. April wurde von der NSDAP ein Generalboykott aller jüdischen Geschäfte in Deutschland angeordnet. Zur Durchführung der Aktionen wurden örtliche Aktionskomitees gebildet, die festzustellen hatten, welche Geschäfte sich im Besitz jüdischer Bürger befanden. Diese Listen wurden der SA und SS übergeben. Plakatwände und Flugblätter sollten zum Boykott bewegen:

Samstag, 1. April 1933 / Nr. 75 / Jahrgang 4

Preis 15 Pfg.

Trierer Nationalblatt

der neue rheinische Merkur

Nieder mit Juda!

Strafgericht über den Weltfeind bricht herein

Achtung!

Zur Abwehr

Der Weltpest an den Kragen!

„Trierer Nationalblatt" am 1. April 1933.

Bereits am 30. März 1933 waren innerhalb einer Sonderaktion der SA 690 Kataloge der Trierer Firma Haas und zahllose Kataloge der Firma Matthias Maas beschlagnahmt worden. In Trier nahm die SA am 31. März führende jüdische Persönlichkeiten in „Schutzhaft". Am 1. April fuhren Lastwagen mit Transparenten folgenden Inhalts durch Trier:

> „Zur Abwehr der jüdischen Greuel- und Boykotthetze:
> Boykottiert alle jüdischen Geschäfte!
> Kauft nicht in jüdischen Geschäftshäusern!
> Geht nicht zu jüdischen Rechtsanwälten!
> Meidet jüdische Ärzte!
> Die Juden sind unser Unglück!"

Geschäftsleute postierten Schilder mit der Aufschrift „Deutsche! Kauft nicht bei Juden!“ in ihren Schaufenstern. Allerdings dürfte die Initiative dazu nicht von ihnen ausgegangen sein, denn die Schilder waren nach der Beobachtung von Willi Torgau in der Hornkaserne hergestellt worden, wo SA und SS einen ihrer Sitze hatten und „wilde“ Gefängnisse unterhielten. Vor allen jüdischen Geschäften nahmen SA-Männer Aufstellung, um willige Käufer am Betreten des jeweiligen Ladens zu hindern. Das „Trierer Nationalblatt“ peitschte seine Leser wiederum auf.

Einige Tage später besetzte die SA die Eingänge des Schlachthofs und des Schlachtviehmarktes und hinderte jüdische Viehhändler am Betreten der Örtlichkeiten. Diese Boykottmaßnahme wurde beendet, da der Schlachthofdirektor darauf hinwies, daß die Versorgung Triers mit Fleisch nicht mehr zu gewährleisten sei.

Im Juni 1933 standen wiederum Zivilposten vor Geschäften jüdischer Bürger und notierten die Namen der Käufer. Diese erhielten wenige Tage später eine dringende Verwarnung mit Hinweis auf ihr „volksschädigendes Verhalten“:

„Wir haben Sie in unsere Listen eingetragen und werden Sie und Ihre Angehörigen genau überwachen ...“ (Zenz 1973, S. 51).

Auch in den folgenden Wochen wurden die Boykottmaßnahmen fortgesetzt. So beklagte sich am 29. August 1933 die Trierer Firma Einheitspreis GmbH beim Regierungspräsidenten Dr. Saassen über den fortdauernden Geschäftsboykott seit dem 21. August. Der Steuerberater Leo Ernst aus Trier beschwerte sich am 13. Juli beim Reichsinnenminister über die Boykotthetze gegen jüdische Geschäftsleute in Niederemmel und Klüsserath und über den Grußzwang gegenüber der NSDAP-Fahne.

Im September 1933 beruhigte sich die Lage vorerst; aber bereits im Juli 1934 wurden die Boykotte in den Landkreisen der Trierer Region wiederaufgenommen. So erhob der „Centralverein Deutscher Staatsbürger jüdischen Glaubens, Landesverband Rheinland“ beim Regierungspräsidenten unter Hinweis auf die gesetzlichen Bestimmungen über Boykottmaßnahmen gegen Juden im Regierungsbezirk Trier Widerspruch. Abgemahnt wurden neben Boykotthetze auch Paßverweigerungen.

In Trier selbst wurden die Aktionen gegen jüdische Geschäfte an Weihnachten 1934 wiederaufgenommen. Am 23./24./25. Dezember wurden zwanzig Geschäfte jüdischer Bürger mit Beschriftungen wie „Jude“, „Saujud“ und ähnlichem beschmiert. Im „Nationalblatt“ wurde wiederum zu Boykotten aufgerufen.

Die jüdische Schule in der Weberbach (ehemals Wohnhaus des Großvaters von Karl Marx).

Auf die Beschwerde des „Centralvereins“ erwiderte der Trierer Regierungspräsident, solche Boykottaufrufe in der Presse würden sich nicht wiederholen. Stattdessen zirkulierten in den NS-Gliederungen Verzeichnisse mit den Namen jüdischer Geschäftsinhaber; auf dem Schwarzen Brett im Rathaus hing diese Liste ebenfalls aus – die Boykottmaßnahmen blieben so erhalten.

Durch das Gesetz zur „Wiederherstellung des Berufsbeamtentums“ vom 7. April 1933 wurden Juden aus der Beamtenschaft eliminiert; dieses Berufsverbot wurde später auf andere Berufe ausgedehnt.

Durch verschiedene Maßnahmen wurde die jüdische Bevölkerung von der übrigen Bevölkerung Triers isoliert. So war durch Anordnung des Oberbürgermeisters Ludwig Christ jüdischen Mitbürgern der Zutritt zu Freibad und Hallenbad seit dem 1. Juli 1935 untersagt. Diese Maßnahme hatte dessen Amtsvorgänger Dr. Weitz noch im Sommer 1934 abgelehnt.

Mit den „Nürnberger Rassegesetzen“ und den zahlreichen folgenden Durchführungsverordnungen verstärkte sich der Antisemitismus weiter. Am 15. September 1935 wurden jüdische Mitbürger zu Staatsbürgern erklärt, die im Gegensatz zu den „arischen“ Mitbürgern keine politischen Rechte mehr besaßen. Das „Gesetz zum Schutz des deutschen Blutes und der deutschen Ehre“ verbot Eheschließungen und Geschlechtsverkehr zwischen Juden und „Ariern“ sowie die Beschäftigung von „Ariern“ in jüdischen Haushalten. Nunmehr sah man auch in Trierer Geschäften Tafeln mit dem Inhalt: „Juden sind hier unerwünscht“.

Auf der Grundlage dieses Gesetzes kam es bei der Trierer Staatsanwaltschaft vielfach zu Vorverhandlungen wegen „Rassenschändung“. Wenn auch Anschuldigungen meist nicht nachweisbar waren – oft handelte es sich um Denunziationen aufgrund von nachbarlichen Zwistigkeiten –, so waren sie doch bezeichnend dafür, unter welchem Druck und in welchen Ängsten die jüdischen Bürger lange vor den Höhepunkten der Verfolgung zu leben hatten.

„Reichskristallnacht“ und „Arisierung der Wirtschaft“

Seit den „Rassegesetzen“ wurde auch die „Arisierung jüdischer Betriebe“ verstärkt durchgeführt, obwohl sie nicht einmal von diesen Vorschriften gedeckt waren. Im Zuge der Ereignisse nach dem Novemberpogrom von 1938 verordnete Göring das Ende der wirtschaftlichen Betätigung der jüdischen Bürger – d. h. deren praktische Enteignung. Im Nazi-Sprachgebrauch wurde dies als „Entjudung der Wirtschaft“ bezeichnet.

Detaillierte Berichte über die Ereignisse während der Pogromnacht am 9./10. November 1938 in Trier sind nicht überliefert. Presseberichte über die drei Nachkriegsprozesse zu den Novemberereignissen lassen einen ungefähren Ablauf rekonstruieren. So scheint es am 9. November in Trier noch zu keinen Ausschreitungen gekommen zu sein. Erst in den frühen

Jüdische Wohnung in der Bollwerkstraße nach der Progromnacht (10. November 1938).

Morgenstunden des 10. November erschienen, alarmiert durch eingegangene Telegramme und Aufrufe, Schlägertrupps in der Innenstadt, um die „spontanen" Aktionen zu veranstalten.

Der Befehl zum Handeln ging bei einem SS-Sturmbannführer Ambrosius ein, der etwa um 5 bis 5.30 Uhr die einzelnen Leute in Zivil zum Hauptmarkt beorderte, nachdem sie mit der Losung „Antreten zum Kälbertreiben" durch einen Melder der SS geweckt worden waren. Am Hauptmarkt diente das dort gelegene Gasthaus ‚*Goldener Brunnen*' offensichtlich als Hauptquartier. Von dieser Sammelstelle aus wurden einzelne Trupps zum Zerstören in Marsch gesetzt. In allen Teilen Triers drangen darauf zum Teil größere Trupps organisierter Nazis in Wohnungen und Geschäftsgebäude jüdischer Bürger ein, mißhandelten auch Anwesende und zerstörten deren Eigentum. Besonders wüteten die Nazi-Banden in der Neustraße. Der Bürgersteig und die Straße vor dem Kaufhaus Haas und vor dem Möbelhaus Eckstein waren von zerschlagenem Schaufensterglas übersät. Die Geschäftseinrichtungen und Waren wurden zertrümmert. Mit den mitgeführten Äxten wurden nicht nur Einrichtungsgegenstände zerschlagen, mit ihnen wurde auch gedroht und mißhandelt.

Die Synagoge in der Zuckerbergstraße wurde geplündert; die aufgefundenen Kultgegenstände vernichtet. Von den in der Synagoge aufbewahrten 25 Thorarollen konnten nur zwei gerettet werden. Diese wurden – wie Reste der jüdischen Bibliothek – zunächst in der Stadtbibliothek aufbewahrt. Später erhielt sie der Bistumsarchivar Alois Thomas, der sie versteckte. 1945 konnten sie der jüdischen Gemeinde zurückgegeben werden. Während des Pogroms wurden die männlichen Mitglieder der jüdischen Gemeinde, die sich in der Synagoge zum Gebet versammelt hatten, verhaftet. Sie wurden mit anderen jüdischen Bürgern – insgesamt über 100 Personen – in das Gefängnis in der Windstraße gebracht. Nur allmählich wurden sie wieder entlassen; der jüdische Kaufmann Erich Süßkind blieb bis zum 10. Dezember dort.

Die Willkürmaßnahmen gegen die jüdischen Mitbürger in Trier stießen auf keinerlei offenen Protest. Die offiziellen Instanzen der Kirchen beider Konfessionen schwiegen verängstigt aus Sorge um den Bestand ihrer Institutionen und der Seelsorge – mit einer Ausnahme: Trier wurde zu einem der wenigen Orte, in denen auf einer Kanzel offen, scharf und unter ausdrücklicher Nennung der Betroffenen gegen den Pogrom protestiert wurde. Aber es hatte nichts mit Trier und nichts mit Trierer Traditionen zu tun: Der junge Pfarrer Lohmann von der kleinen Evangelischen Bekennenden Gemeinde geißelte am 13. November 1938 das geschehene Verbrechen und den Antisemitismus. Im Kapitel „Rundgang durch Trier haben wir darüber berichtet (siehe oben, S. 20). Allerdings zeigten Teile der Bevölkerung ihre Ablehnung dadurch, daß sie bei der parallel durchgeführten Eintopf-Spendenaktion zugunsten des „Winterhilfswerks" weniger spendeten. So beklagte die Gestapo Trier:

„Wie hier bekannt wurde, ist das Ergebnis der Eintopfspende am 13. November bedeutend niedriger ausgefallen als bei den vorausgegangenen Sammlungen. Ein Teil der Bevölkerung soll dabei (wegen der) gegen die Juden durchgeführten Vergeltungsmaßnahmen mit ihren Spenden erheblich zurückgehalten haben." (Landesarchivverwaltung, S. 145).

Im Zusammenhang mit den Aktionen im November 1938 wurden eine Reihe von Verordnungen und Gesetzen erlassen, die das endgültige Ausschalten der jüdischen Mitbürger aus dem wirtschaftlichen und gesellschaftlichen Leben bedeuteten.

In einem Artikel des „Trierer Nationalblatts" vom 29. November 1938 werden die „arischen" Geschäftsleute aufgefordert, Verbotsschilder für Juden an den Eingangstüren anzubringen. Dabei reiche der Spruch „Juden unerwünscht" nicht aus. Angebracht werden müsse vielmehr ein Schild „Juden ist der Zutritt untersagt", um bei Nichtbeachtung die Möglichkeit der Klage wegen Hausfriedensbruchs zu haben.

Gemäß einer Verordnung vom 12. November 1938 zur Wiederherstellung des Straßenbildes bei jüdischen Gewerbetreibenden wurden diese gezwungen, Schäden in ihren Wohnungen und Gewerbebetrieben auf eigene Kosten zu beseitigen. Über die beschädigten Gebäude wurden Listen geführt, die Besitzer wurden zur Instandsetzung aufgefordert. So schickte das Polizeirevier 3 in Trier einem Hausbesitzer am 17. Dezember ein Schreiben, in dem dieser zur umgehenden Instandsetzung aufgefordert wurde. Frist: sofort!

Mit dem Vollzug der „Arisierung“ waren die Nazis nicht immer zufrieden. Das „Nationalblatt“ beklagt am 22. November 1938: „Daß in Trier ein paar jüdische Kramläden durcheinandergeworfen wurden und des Volkes spontane Vergeltung auch einige ansehnliche Fensterscheiben in Splitter schlug, ist eine Tatsache, die jeder weiß und wissen darf. Daß diese jüdischen Läden wenigstens nicht mehr unter Leitung der Mischpoke aufgemacht werden, ist eine Notwendigkeit, die allgemein anerkannt wird. Soweit die wirtschaftlichen Belange es erfordern, werden die ehemals jüdischen Geschäfte in deutsche Hände überführt.“

Auf Kritik stieß das Inserat eines „Arisierungs“-Gewinnlers, der erklärte, er biete „die Gewähr, daß Sie auch in Zukunft von uns stets nur mit einwandfreien Qualitäten preiswert zuvorkommend beliefert werden“ und mit der Bitte schloß, „das unserem Vorgänger bewiesene Vertrauen uneingeschränkt auf uns übertragen zu wollen“. Da half auch die Schlußformel „Mit deutschem Gruß“ nicht mehr... Der Nazi-Kommentator entrüstete sich:

„Ja, dann allerdings können wir auch mit dem arisierten Unternehmen keine Geschäfte machen, weil uns vorher das Vertrauen gänzlich gefehlt hat. Warum hat man uns nicht mitgeteilt, daß man das jüdische Unternehmen übernommen habe, um es nach deutscher Kaufmannsart zu führen. So aber: wir bedauern recht sehr, wir haben zu wenig Vertrauen.“

Die noch in Trier verbliebenen jüdischen Mitbürger versuchten, nach dem Novemberpogrom auszuwandern. Das „Nationalblatt“ kommentierte dies am 3. Dezember 1938 (siehe Abbildung S. 52).

Andere flüchteten über die grüne Grenze. Der luxemburgische Sozialist (und spätere Justizminister) Victor Bodson half zwischen 1933 und 1940 über hundert Juden, Sozialdemokraten, Zentrumsleuten und polnischen Flüchtlingen bei der Flucht ins rettende Ausland. Er holte sie mit seinem Wagen in Trier oder Bitburg ab und schmuggelte sie im Kofferraum seines Wagens nach Belgien. Später, als er schon in den Fahndungsbüchern der Gestapo stand, nahm er die Flüchtlinge in Echternach oder bei

Auf Nimmerwiedersehen!

Trierer Judenpack wandert endlich aus

Steigender Auswanderertrieb der Trierer Juden seit der nationalsozialistischen Revolution / Wohin haben sich die Juden besonders gewandt / Früher Luxemburg, jetzt Nordamerika / Immer noch über 450 Juden in Trier

Wir hatten am letzten Samstag unseren Lesern einmal mitgeteilt, daß die Juden in Trier und im Trierer Land gar nicht so arm sind, wie sie es selbst wahrhaben wollen und wie es Leichtgläubige und Gefühlsduseler dann als wahr weitererzählen. Sie haben noch über 8 Millionen Mark — eine ganz nette, runde Summe, besonders wenn man bedenkt, daß sich in diese 8 000 000 Mark nur 450 Juden teilen.

Dabei wiesen wir darauf hin, daß seit der nationalsozialistischen Revolution schon eine ganze Reihe Trierer Juden Deutschland verließen und auswanderten. Wobei sie bestimmt nicht vergessen haben, einen großen Teil ihres Vermögens mit über die Grenze zu nehmen, wenn sie nicht schon vorher in echt jüdischer Witterung dafür gesorgt hatten, daß ihr den Deutschen abgegaunertes Kapital irgendwo im Ausland vor den bösen „Nazis" in sicherem Tresor schlummert.

Aber davon wollen wir heute nicht mehr sprechen, und die beiden alten Fräuleins, denen wir in der vorigen Woche einen Vortrag gehalten haben, sollen nicht mehr von Millionen träumen, sondern wir wollen ihnen heute einmal erzählen, **wieviele Juden seit dem 1. Januar 1933 bis zum 1. September 1938 unsere Stadt verlassen haben.** Wir geben im Nachstehenden in Tabellenform jeweils für den Zeitraum von

1. Juli 1933 bis 31. Dezember 1933: insgesamt 34, davon 9 nach Luxemburg, 10 nach Frankreich, 2 nach der Tschechei, 4 nach Belgien, 1 nach Oesterreich und 8 nach Palästina;

1. Januar 1934 bis 31. Dezember 1934: insgesamt 36, davon 20 nach Luxemburg, 4 nach Frankreich, 3 nach Holland, 1 nach Schottland, 1 nach Brasilien, 1 nach der Schweiz und 6 nach Palästina.

1. Januar 1935 bis 31. Dezember 1935: insgesamt 58, davon 19 nach Luxemburg, 5 nach Frankreich, 22 nach Palästina, 5 nach den Vereinigten Staaten, 8 nach Oesterreich, 2 nach Spanien und 2 nach Belgien.

1. Januar 1936 bis 31. Dezember 1936: insgesamt 76, davon 3 nach Frankreich, 31 nach Palästina, 9 nach Luxemburg, 3 nach Paraguay, 7 nach Nordamerika, 2 nach Argentinien, 4 nach Uruguay, 3 nach Holland, 2 nach Argentinien, 3 nach Brasilien, 3 nach Australien, 4 nach Afrika, 2 nach Spanien.

1. Januar 1937 bis 31. Dezember 1937: insgesamt 117, davon 55 nach Nordamerika, 16 nach Palästina, 11 nach Luxemburg, 8 nach Holland, 2 nach Argentinien, 9 nach Frankreich, 2 nach England, 2 nach Belgien, 2 nach Südamerika, 4 nach Urugaya, 2 nach der Türkei, 2 nach Schweden und 2 nach der Schweiz.

nehmen. Das kleine benachbarte Luxemburg wurde im Jahre 1933 „nur" von 14 Juden beglückt, 1934 erhöhte sich diese Zahl aber schon auf 20 und 1935 waren es wieder 19 Hebräer, die wahrscheinlich schimpfend und zeternd bei Wasserbillig die Sauerbrücke passierten. Aber wir wollen einmal addieren: **Vom 1. Januar 1933 bis zum 1. September 1933 haben 85 Trierer Juden als Emigranten im benachbarten Großherzogtum Luxemburg Platz genommen.** Der Traum ist allerdings jetzt aus; denn die luxemburgische Regierung hat die Grenzen für Emigranten gesperrt und erteilt nur noch vorübergehende Aufenthaltserlaubnis.

Nach Palästina, also ins Gelobte Land, sind 91 Juden ausgewandert, und wie wir feststellen konnten, heißt in der letzten Zeit die große Auswanderungsparole Nordamerika. Daß die jüdische Mischpoke das Land der unbegrenzten Möglichkeiten als besonders geeignetes Asyl ansieht, können selbst wir den Juden nachfühlen. Dort ergeben sich eben für ihre Gaunereien unbegrenzte Möglichkeiten; bei uns sind diese Zeiten vorbei. Wenn wir überhaupt einen Juden bedauern können, dann sind es jene vier Hebräer, die sich Oesterreich als ihr Emigrantenziel gewählt haben. Wahrscheinlich sind sie beim Einmarsch unserer Truppen schnell nach der Schweiz hinüber-

schon den ernsten Willen der Auswanderung bei amtlichen Stellen bekundet haben. Alle haben in der letzten Zeit Amerika als ihr Ziel angegeben. Sie werden zum größten Teil, da unsere Behörden ihnen bestimmt keine Schwierigkeiten machen, schnell über die Grenze abgeschoben, wo sie dann in Luxemburg und Holland in sogenannten Anhaltelagern die Wochen bis zur endgültigen weiten Reise über das Meer zubringen können.

In diesem Zusammenhang wird es unsere Leser vielleicht interessieren, daß wir in Trier 14 Mischlinge haben, und wie wir feststellten, wurden in Trier 15 Mischehen geschlossen: acht sogenannte Arier heirateten Jüdinnen und 7 Juden nahmen sich „deutschblütige" Weiber zur Frau. Wir können versichern, daß wir ihnen nicht zur Hochzeit gratuliert haben.

Uebrigens ist augenblicklich Hochbetrieb, was die jüdische Auswanderung angeht. Täglich werden 10 bis 12 Gesuche und Anträge von Trierer Juden gestellt. Hoffentlich hält dieser Betrieb an, damit von den rund 450 Juden in Trier in allernächster Zeit überhaupt nicht mehr gesprochen werden braucht. Wohin sie sich wenden, ist uns ganz gleich. Sie sollen sich nur zum Teufel

„Trierer Nationalblatt" vom 3. Dezember 1938.

Steinheim auf, wo sie auf ein Lichtsignal hin durch die Our wateten (Escher Tageblatt, 24. März 1972).

Mit dem 1. Januar 1939 wurden jüdische Bürger vollends aus dem Wirtschaftsleben vertrieben – eine Ausübung gewerblicher Unternehmungen wurde gesetzlich verboten. Alle arbeitsfähigen Männer und Frauen wurden zur Zwangsarbeit verpflichtet, die Frauen mußten größtenteils im Weinbau tätig werden. Bei Kriegsbeginn mußten alle Männer jüdischen Glaubens, die in der Eifel Zwangsarbeit verrichteten, nach Trier zurückkehren. Dort wurden sie zu Straßenbauzwecken zwangsverpflichtet. Für jüdische Mitbürger wurde ein Ausgehverbot – im Sommer für die Zeit nach 21 Uhr, im Winter nach 20 Uhr – erlassen. Rundfunkgeräte mußten abgeliefert werden.

Am 13. September 1941 führten die Nazis den sogenannten Judenstern im Deutschen Reich ein. Die jüdische Bevölkerung ab dem 6. Lebensjahr war verpflichtet, diesen „Judenstern" auf der linken Brustseite der Kleidung sichtbar zu tragen. Dem Ortsgruppenleiter von Trier-Mitte ging diese Verordnung nicht weit genug. Er schlug vor, den „Judenstern" auch auf der Rückseite der Kleidung anzubringen, um „Arier" vor der Peinlichkeit des Ansprechens von Juden „ohne böse Absicht" zu bewahren.

Das Verlassen ihrer Gemeinden ohne schriftliche Erlaubnis der Ortspolizeibehörde wurde jüdischen Mitbürgern verboten. Im November 1941 wurde die Einziehung des noch vorhandenen Vermögens angeordnet.

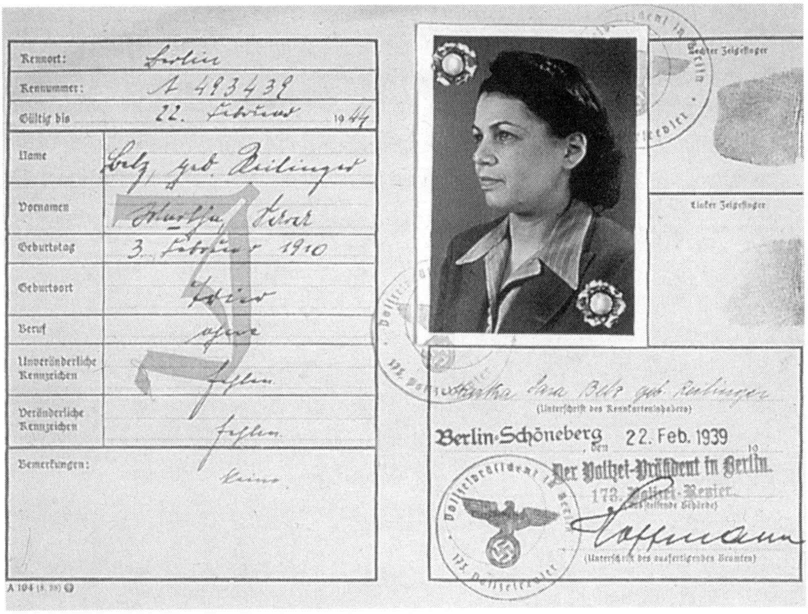

Der Paß einer Trierer Jüdin.

Vernichtung

Die ,,Wannsee-Konferenz“ war eine Zusammenkunft, die SS-Obergruppenführer und Chef des Reichssicherheitshauptamtes Reinhard Heydrich für den 20. Januar 1942 einberief, um bekanntgeben zu können, daß er mit der inzwischen beschlossenen ,,Endlösung“ der ,,Judenfrage“ beauftragt worden sei. Noch während des Krieges sollte die systematische Ausrottung der Juden abgeschlossen werden. Der Öffentlichkeit wurde die Entscheidung allerdings verschwiegen.

Die ersten jüdischen Mitbürger aus Trier wurden am 16. Oktober 1941 ins Ghetto Litzmannstadt (Lodz) deportiert. Am 25./27. Juli 1941 erfolgten Transporte nach ,,unbekannt“, nach ,,Böhmen/ Mähren“ und Theresienstadt. Der letzte Transport erfolgte am 17. Juni 1943. Mit ihm wurden die letzten fünf jüdischen Bürger Triers nach ,,unbekannt“ abtransportiert, nachdem sie zu Pfingsten verhaftet und durch die Straßen der Stadt abgeführt worden waren. Mit dabei war der letzte Vorstand der Trierer jüdischen Gemeinde: Willy Haas, Lilli Goutscheaux, Jelle Isay und Else Kahn. Der Zielort ,,unbekannt“ entschlüsselte sich für die Abtransportierten erst am Zielort selbst: Auschwitz.

Wie den jüdischen Bürgern im Deutschen Reich erging es auch den Juden in den während des Krieges besetzten Gebieten. So hatten auch die jüdischen Emigranten, die nach Luxemburg, Belgien, den Niederlanden oder Frankreich ausgewandert waren, nach der Besetzung dieser Länder dasselbe Schicksal wie die noch im Deutschen Reich verbliebenen Glaubensgenossen zu erleiden. Unter ihnen war auch Dr. Adolf Altmann, der letzte Oberrabbiner Triers.
Mehr als 400 Trierer Juden wurden deportiert; nur vierzehn – nach anderen Quellen zwanzig – kehrten zurück.

Loyalität und Widerspruch: Die christlichen Kirchen

Die katholische Kirche

Die katholische Kirche stand in den Jahren vor 1933 dem Nationalsozialismus in vielen Punkten ablehnend gegenüber. Sie sah im Nationalsozialismus eine moralische Gefahr, da er Mord und Lüge als Mittel der Politik im Prinzip nicht ablehne. Weitere Bedenken richteten sich gegen eine Politik der Partei, die den Interessen der Kirche widersprach und ihre Existenz bedrohte. So verurteilten Klerus und Verbände den Punkt 24 des Parteiprogramms, nach dem unter der Herrschaft Hitlers Konfessionen nur in dem Umfang geduldet werden sollten, als sie dem „Sittlichkeits- und Moralgefühl der germanischen Rasse" nicht widersprächen. Sie sahen in dieser antichristlichen Losung mit Recht eine Gefahr für den Fortbestand der katholischen Kirche.
Die Ablehnung der katholischen Bekenntnisschulen durch die NSDAP und die fehlende Bereitschaft der Partei, das Vorhaben eines Konkordates zwischen dem Vatikan und dem Staat Preußen zu unterstützen, wurden ebenfalls kritisiert. In beiden Fällen ging es um Gefährdungen kirchlicher Belange. Weniger kritisch betrachtete der Katholizismus – so der katholische Publizist Walter Dirks – gewisse Formen der faschistischen Ideologie.

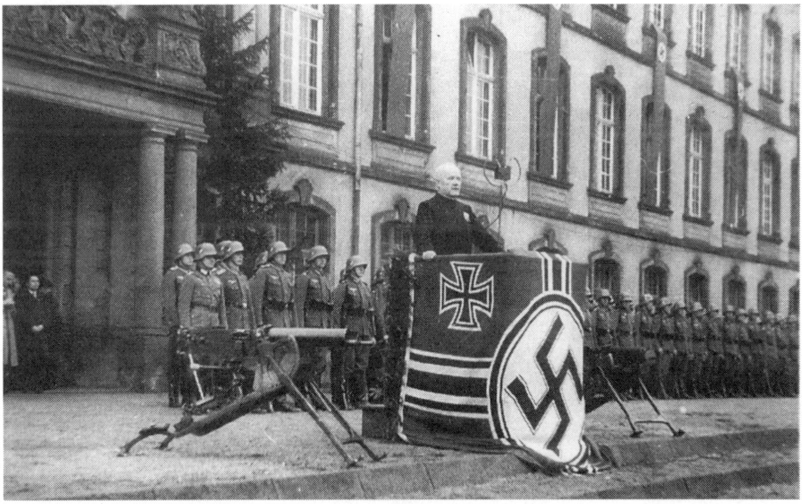

Geistliche Ermunterung der neuen Rekruten (Oktober 1936).

Die Worte ,,Autorität", ,,Vertrauen zum Führer", ,,Ruhe und Ordnung", schrieb Dirks 1931, fänden ,,ein geneigtes Ohr". Die Kritik des Nationalsozialismus an Liberalismus und Materialismus decke sich ,,zum Teil mit einer entsprechenden Katholischen Front" und auch der Antimarxismus werde ,,lebhaft verrstanden". Und 1980 fügte Dirks hinzu, hinter dem nur lauen Verhältnis der Kirche zu den Chancen der republikanischen Demokratie habe ,,ein anderes Defizit" gestanden, nämlich, daß sie im Grunde selbst keine Gesellschaftsanalyse und keine politische Idee oder Zielsetzung entwickelt hatte. Es sei ,,keine politische Idee mit der religiösen kombiniert" worden, für die ,,man in den Untergrund oder ins KZ hätte gehen können." Als die Nazis 1933 scheinbar legal an die Macht kamen, reichte der religiöse Widerstand allein nicht mehr aus. Man entdeckte so Dirks – vielmehr eine Reihe von Übereinstimmungen und ,,paßte sich an". (In: Kringels-Kemen, Monika und Lemhöfer, Ludwig (Hg), Katholische Kirche und NS-Staat. Aus der Vergangenheit lernen? Frankfurt/M. 1981, S. 15–17.)

Eintracht im Zeichen des Konkordats

Nachdem Hitler in seiner Regierungserklärung vom 23. Februar 1933 die Kirche zur Mitarbeit an der nationalen und sittlichen Erneuerung des Volkes aufgerufen und den Fortbestand der Länderkonkordate, der Bekenntnisschulen und der Unverletzlichkeit kirchlicher Rechte betont hatte, sah die katholische Kirche sogar die Möglichkeit der friedlichen Koexistenz mit dem Nationalsozialismus. Als der neue Reichstag in Potsdam zusammentrat und Hitler und Hindenburg gemeinsam preußische Traditionen beschworen, marschierte in Trier die katholische Jugend gemeinsam mit SA, SS, HJ, NSDAP und Stahlhelm durch die festlich geschmückte Stadt.

In einer Erklärung kritisierte die Fuldaer Bischofskonferenz am 28. März zwar weiterhin die religiös-sittlichen Irrtümer der NS-Ideologie, rief die Gläubigen aber dennoch dazu auf, die neue Regierung als rechtmäßige Obrigkeit anzuerkennen, ihre staatsbürgerlichen Pflichten zu erfüllen und jedes rechtswidrige und umstürzlerische Verhalten zu unterlassen. Diese wohlwollende Haltung des deutschen Katholizismus gegenüber der neuen Regierung wurde durch die Verhandlungen und den Abschluß des Konkordats zwischen Hitler und der römischen Kurie am 20. Juli 1933 noch gefördert. Mitverantwortlich für das Zustandekommen dieses ersten offiziellen Vertrages zwischen der nationalsozialistischen Reichsregierung und einem anderen Staat war Prälat Ludwig Kaas (1888–1952). Kaas, ein Trierer Professor für Kirchenrecht und bis etwa 1921 an

der Theologischen Fakultät aktiv tätig, war seit 1920 Abgeordneter des Reichstages für die katholische Zentrumspartei. 1928 wurde er zu deren Parteivorsitzenden gewählt.
Das Konkordat gestand der katholischen Kirche in Deutschland die Beibehaltung der Bekenntnisschule, den Bestand der katholischen Organisationen und die Gewährleistung des Religionsunterrichts zu, verbot aber jede parteipolitische Betätigung des Klerus. Eine entschlossene Gegnerschaft zur neuen Regierung hätte nach Ansicht Roms und der deutschen Bischöfe das Zustandekommen des Konkordats und damit vitale Interessen der katholischen Kirche gefährdet. Der Abschluß des Konkordats förderte auch in Trier die Bereitschaft zur guten Zusammenarbeit zwischen Kirche und Staat. So übernahm die SA bei der „Heilig-Rock-Wallfahrt“, die im Juli 1933 unmittelbar nach der Unterzeichnung in Rom (14. Juli) begann, Funktionen des Ordnungsdienstes vor dem Dom, was die damit beiseite gedrängten Verbände der katholischen Jugend mit Zorn sahen. Am Eröffnungstag der Wallfahrt, am 23. Juli 1933, wurden die Vertreter der Reichs- und Landesregierung, der Stadt und der NSDAP von Bischof Dr. Bornewasser vor dem Domportal empfangen und in feierlichem Zug in den Dom geleitet.
In einem Telegramm vom selben Tag schrieben Bornewasser und Vizekanzler von Papen an Hitler: „Anläßlich dieser Feier versichern wir dem Führer, der die christliche, nationale und soziale Grundlage des neuen Staates wiederherzustellen bemüht ist, unserer unverbrüchlichen Mitarbeit am Neuaufbau des Deutschen Reiches.“ (Müller, S. 171).
Zwei Tage später sprach Bornewasser auf einem Korporationstreffen der katholischen Studentenverbindung „Ripuaria“ in Bonn. Dort sagte er:
„Es ist ein großes Verdienst der Reichsregierung, ja, es ist ein Rettungswerk am deutschen Volk, wenn sie dem verderblichen und unwürdigen Treiben der Gottlosen ein kraftvolles Halt gebietet; wenn sie mit allen ihr zu Gebote stehenden Mitteln dem Bolschewismus, dieser die Völker ins Unglück stoßenden geistigen Entartung, entgegentritt. Wir katholischen Akademiker können und dürfen – unserer und unserer Väter Tradition getreu – die Reichsregierung in diesem schweren Kampf nicht allein lassen (...) Unsere Reichsregierung hat sich eine große, unsäglich schwierige Aufgabe gestellt: Die Hinaufführung des deutschen Volkes zu seiner früheren Höhe durch eine geistige, sittliche und wirtschaftliche Erneuerung. Das kann sie nicht ohne das große katholische Geistesgut, das wir in die Waagschale zu werfen haben. Dieses große Ziel kann angesichts unserer schrecklichen Not und Zerrissenheit nur erreicht werden, wenn alle, die ihr Vaterland wahrhaft lieben, einmütig und opferbereit zusammenstehen und zusammenarbeiten.“ (Kroll, S. 122 f.)

Kampf um die Jugend

Schon bald nach der Machtergreifung wurde die friedliche Koexistenz zwischen Kirche und Nationalsozialismus von der NSDAP massiv gestört. Die Partei attackierte besonders die katholischen Jugendverbände, die sie aus ideologischen und machtpolitischen Gründen bekämpfte. So wurden in Trier schon im Juni/Juli 1933 die Jugendheime des Katholischen Jungmännerverbandes in den Pfarreien St. Barbara, St. Gangolf, Heiligkreuz, St. Laurentius, St. Matthias, St. Gervasius, St. Helena, St. Paulin und Pallien von der „Hitlerjugend" beschlagnahmt.

Die Mitglieder der katholischen Jugend sahen sich immer mehr dem Druck ausgesetzt, aus den Verbänden austreten zu müssen. Den Eltern wurden im Rahmen einer HJ-Werbeaktion im Juni 1934 Schreiben zugesandt, in denen betont wurde, daß bei der Stellenvermittlung in erster Linie Hitlerjungen berücksichtigt würden und es daher im Interesse der Eltern liegen müsse, ihr Kind bei der HJ anzumelden. Gleichzeitig wurden vor allem in den Schulen Mitglieder der katholischen Jugend schikaniert. Ein Schreiben des Kaplans Altenhofen aus der Pfarrei Christkönig in Trier-West an den Trierer Kreisleiter vom 14. Februar 1934 zeigt dies deutlich: „In der 5. Volksschulklasse sind zehn Mitglieder der Jungschar manchen Schikanen des Lehrers ausgesetzt, die mit Sonderaufgaben für diese Jungen beginnen und über Prügel bis hin zu der

Einer der letzten Umzüge der katholischen „Sturmschar" (1934).

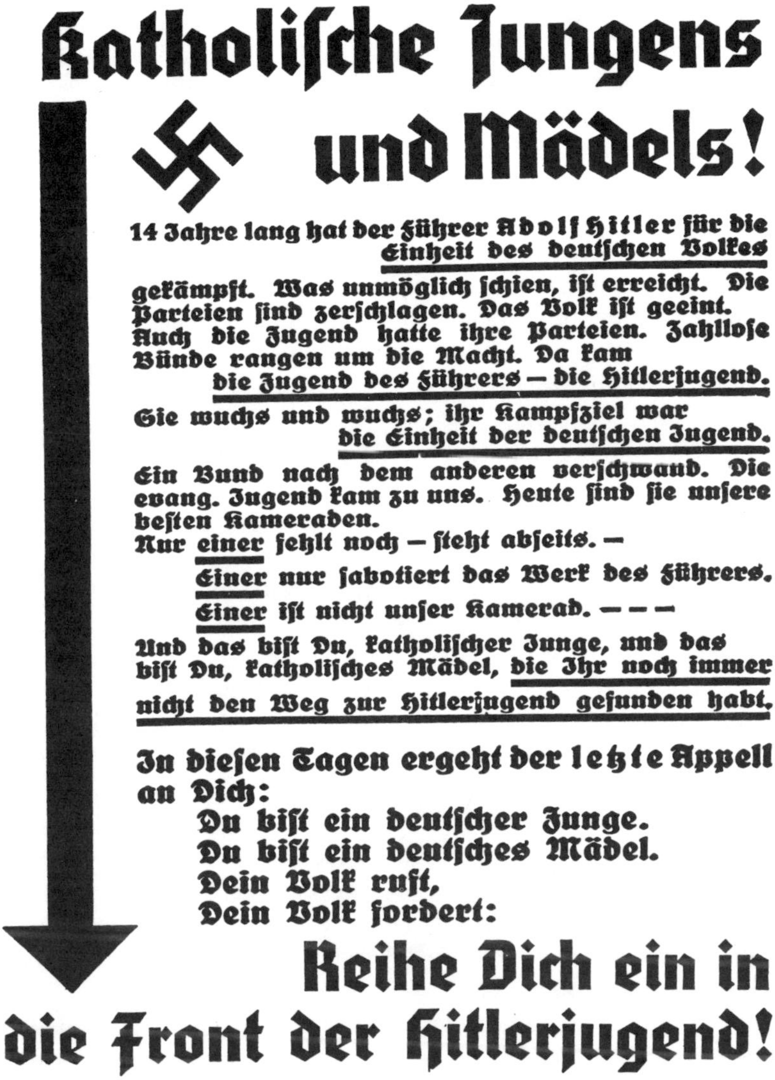

Katholische Jungens und Mädels!

14 Jahre lang hat der Führer Adolf Hitler für die Einheit des deutschen Volkes gekämpft. Was unmöglich schien, ist erreicht. Die Parteien sind zerschlagen. Das Volk ist geeint. Auch die Jugend hatte ihre Parteien. Zahllose Bünde rangen um die Macht. Da kam die Jugend des Führers — die Hitlerjugend.

Sie wuchs und wuchs; ihr Kampfziel war die Einheit der deutschen Jugend.

Ein Bund nach dem anderen verschwand. Die evang. Jugend kam zu uns. Heute sind sie unsere besten Kameraden.

Nur einer fehlt noch — steht abseits. —

Einer nur sabotiert das Werk des Führers.

Einer ist nicht unser Kamerad. — — —

Und das bist Du, katholischer Junge, und das bist Du, katholisches Mädel, die Ihr noch immer nicht den Weg zur Hitlerjugend gefunden habt.

In diesen Tagen ergeht der letzte Appell an Dich:

Du bist ein deutscher Junge.
Du bist ein deutsches Mädel.
Dein Volk ruft,
Dein Volk fordert:

Reihe Dich ein in die Front der Hitlerjugend!

Nationalverlag GmbH., Koblenz

Flugblatt der „Hitlerjugend“ (1935).

Drohung gehen, daß eine Versetzung an Ostern fraglich sei.“ (Trauten, S. 32 f.).

Der Druck auf die katholischen Jugendlichen wurde wie im ganzen Reich durch Maßnahmen der Partei begleitet, die Arbeit der katholischen Jugendverbände zu behindern. So verbot der Trierer Regierungspräsident im Mai 1935 „(...) jede öffentliche Betätigung der konfessionellen Jugendverbände außerhalb der kirchlichen und religiösen Sphäre (...), das öffentliche Mitführen und Zeigen von Wimpeln und Fahnen (...) und das öffentliche Tragen von Uniformen, Bundestracht oder Kluft durch die Angehörigen der konfessionellen Jugendverbände." (ebenda, S. 42). Im Juli 1934 wurden der neu ernannte Diözesanjugendseelsorger Johannes Müller, Diözesanwart Hans Renner und der Diözesanleiter der Katholischen Jungmännervereinigung, Martin Krisam, verhaftet, verhört und bis Dezember im Gefängnis in der Windstraße inhaftiert. Vielfach kam es zu Überfällen von HJlern und zu Störungen von Veranstaltungen im Bischof-Korum-Haus, dem Zentrum der katholischen Jugendarbeit in Trier.

Dennoch gab die Jugend nicht auf: Sie traf sich weiter zu Gruppenstunden, verteilte Zeitschriften und vervielfältigte heimlich Flugblätter mit Bischofsworten. Es wurden weiter Gottbekenntnistage und Wallfahrten nach Klausen abgehalten. Die Errichtung eines bischöflichen Jugendamtes im Mai 1937 sollte zudem die Jugendarbeit koordinieren und unter den unmittelbaren Schutz des Bischofs stellen.

Daraufhin setzte die Partei Ende 1937 zu einem erneuten Schlag gegen die Jugend an. In einem Schreiben vom 10. November 1937 wurde Diözesanpräses Müller mitgeteilt, daß mit sofortiger Wirkung „(...) soeben aufgrund der Verordnung zum Schutz von Staat und Volk vom 28. Februar 1933 die Auflösung aller männlichen katholischen Jugendvereine in der gesamten Diözese Trier, also einschließlich der Jünglingskongregationen und der Pfarrjugend erfolgt" (ebenda) ist. Damit war der katholisch geprägte Regierungsbezirk Trier einer der letzten, in denen ein Verbot der männlichen katholischen Jugendverbände ausgesprochen wurde. Ausprobiert hatten die Machthaber diese Praxis zuerst in weniger stark vom Katholizismus geprägten Gebieten des Reiches.

Unter Verletzung des Konkordats wurde das Vermögen der Jugendverbände – angefangen bei der kompletten Einrichtung des Diözesanjugendamtes bis zum Bischof-Korum-Haus und der Welschnonnenkirche – beschlagnahmt. Der Protest Bischof Bornewassers blieb wie schon so oft erfolglos. Größerer persönlicher Schaden für die Mitglieder konnte dadurch verhindert werden, daß Diözesanwart Hans Renner und der Hausmeister ins Jugendamt einbrachen, die Rückwände der versiegelten Schränke lösten und die Adressenlisten der katholischen Jugend mitnahmen und verbrannten.

Da nun jede organisierte Jugendarbeit verboten war und zudem seit dem Gesetz über die Hitlerjugend vom Dezember 1936 bzw. den Durchfüh-

Fronleichnamsprozession – auch eine politische Demonstration.

rungsbestimmungen vom März 1939 der Dienst in der HJ Pflicht wurde, war katholische Jugendarbeit im Bistum und in der Stadt Trier bis zum Kriegsende nur noch im Rahmen persönlicher Kontakte möglich. Die Jugendlichen trafen sich aber weiter in der Domkrypta zum Abendgebet („Deutsche Komplet"), zu Bekenntnis- und Adventsfeiern und Fastenpredigten. Bischof Bornewasser kritisierte immer wieder den „unfairen Kampf" gegen die Jugend, wandte sich entschieden gegen die staatliche Forderung, die Jugend gehöre dem Staat, und ermutigte die Jugendlichen, im Glauben treu zu bleiben.

Auseinandersetzung um die Schulen

Staat und Partei waren daran interessiert, die deutsche Jugend im Sinne des Nationalsozialismus zu erziehen. Dem stand der starke Einfluß der katholischen Kirche in den Schulen entgegen. Die NSDAP versuchte daher mit allen Mitteln, die Kirche aus diesem Bereich zu drängen. Die Anordnungen der Schulbehörden, die Kreuze an der Vorderwand der Klassenzimmer durch das Bild des Führers zu ersetzen und nachher die Kreuze ganz zu entfernen, war eher ein symbolischer Akt des Kampfes gegen die Kirche. Vielfach scheiterte dies auch am Widerstand der Bevölkerung.

Am 1. September 1937 erließ die Reichsregierung eine Verordnung, wonach Geistliche keinen schulplanmäßigen Religionsunterricht mehr

erteilen durften. Die im Schuldienst tätigen Geistlichen wurden entlassen. Künftig sollten nur noch Lehrpersonen den Unterricht ausüben. Die Kirche war nun darauf angewiesen, den Religionsunterricht am Nachmittag in der Kirche oder in Pfarrheimen zu halten.
Ein entscheidender Schritt gegen die Kirche war die Auflösung der Bekenntnisschulen, deren Existenz im Konkordat von 1933 noch zugesichert worden war. Nachdem die Bekenntnisschule im Saarland und im Rheinland Ostern 1937 in die Gemeinschaftsschule umgewandelt worden war, wurde die neue Schulart in der Stadt Trier am Allerseelentag 1937 eingeführt.
Die Trierer Kirche war jedoch nicht so ohne weiteres bereit, diese Maßnahme hinzunehmen. Bischof Bornewasser rief die Gläubigen auf, sich am Sonntag, dem 7. November, nach den Messen in Listen einzutragen, um gegen die Einführung der Gemeinschaftsschule zu protestieren. Obwohl die Kirchen in Trier an diesem Sonntag von der Gestapo scharf beobachtet wurden, trugen sich über 10 000 Gläubige in die Listen ein. Die Gegenreaktion der Partei ließ nicht lange auf sich warten. In der folgenden Woche gingen die Blockwarte von Haus zu Haus und forderten die Katholiken auf, ihre Unterschrift zurückzunehmen. Andernfalls liefen sie Gefahr, entlassen, ihrer Pensionen verlustig zu gehen oder nicht mehr vom Winterhilfswerk unterstützt zu werden. Um die betreffenden Familien vor Schaden zu bewahren, brach der Bischof daraufhin die Aktion ab. Die Listen wurden verbrannt.
Die Einführung der Gemeinschaftsschule bedeutete jedoch nicht das Ende der kirchlichen Aktivitäten: Der Religionsunterricht wurde nun im kirchlichen Rahmen abgehalten.

Offene Konfrontation

Die Nationalsozialisten hatten sich in den ersten Jahren darum bemüht, die Kirche aus der Schule und der Jugendarbeit zu verdrängen. Ein offener Kampf setzte im Bistum Trier erst 1935 ein, nachdem die Katholiken im Saargebiet, das in Teilen zum Bistum Trier gehörte, für die Eingliederung ins Reich gestimmt hatten.
Bei ihrem Vorgehen gegen die katholische Kirche versuchten Staat und Partei, die Kirche im Ansehen der Bevölkerung herabzusetzen und die Gläubigen zu verunsichern. Dazu dienten vor allem die in den Jahren 1935–1937 groß angelegten Kampagnen gegen Priester und Ordensbrüder, denen man Sittlichkeits- und Devisenvergehen vorwarf.
Die Bischöfe erkannten nun immer deutlicher, daß die Nationalsozialisten nicht gewillt waren, sich an die Abmachungen des Konkordats zu halten, und stattdessen einen Kampf gegen die Kirche führten. Die

deutschen Bischöfe wandten sich in dieser Situation an Papst Pius XI. mit der Bitte, sich in einem Rundschreiben zu den Vorgängen in Deutschland zu äußern. Am 10. März 1937 unterzeichnete der Papst das Rundschreiben „Mit brennender Sorge", das den Rang einer Enzyklika hatte und damit weltweiten Geltungsanspruch erhob. In diesem Rundschreiben rechtfertigte der Papst den Abschluß des Konkordates mit der Reichsregierung und erklärte:

„Trotz mancher Bedenken haben Wir daher Uns damals den Entschluß abgerungen, Unsere Zustimmung nicht zu versagen. Wir wollten Unsern treuen Söhnen und Töchtern in Deutschland im Rahmen des Menschenmöglichen die Spannungen und Leiden ersparen, die andernfalls unter den damaligen Verhältnissen mit Gewißheit zu erwarten gewesen wären. (...) Wenn der von Uns in lauterer Absicht in die deutsche Erde gesenkte Friedensbaum nicht die Früchte gezeigt hat, die Wir im Interesse Eures Volkes ersehnten, dann wird niemand in der weiten Welt, der Augen hat, zu sehen, und Ohren, zu hören, heute noch sagen können, die Schuld liege auf seiten der Kirche und ihres Oberhauptes. Der Anschauungsunterricht der vergangenen Jahre klärt die Verantwortlichkeiten. Er enthüllt Machenschaften, die von Anfang an kein anderes Ziel kannten als den Vernichtungskampf. In die Furchen, in die Wir den Samen aufrichtigen Friedens zu pflanzen bemüht waren, streuten andere (...) die Unkrautkeime des Mißtrauens, des Unfriedens, des Hasses, der Verunglimpfung, der heimlichen und offenen, aus tausend Quellen gespeisten und mit allen Mitteln arbeitenden grundsätzlichen Feindschaft gegen Christus und seine Kirche. (...)

Die von Uns trotz allem bezeigte Mäßigung war nicht eingegeben von Erwägungen irdischer Nützlichkeit odar gar unziemlicher Schwäche, sondern lediglich (...) von der Entschlossenheit, die Vertragstreue anderer nicht eher endgültig zu verneinen, als bis die eiserne Sprache der Wirklichkeit die Hüllen gesprengt hätte, in die eine planmäßige Tarnung den Angriff gegen die Kirche zu hüllen verstanden hatte und versteht. (...) Die Kirche Christi kann nicht erst dann anfangen, zu trauern und zu klagen, wenn die Altäre verwüstet werden, wenn sakrilegische Hände die Gotteshäuser in Rauch und Flammen aufgehen lassen." (Thomas, S. 188–191).

Den Gläubigen und hier insbesondere der Jugend und den „Getreuen aus dem Laienstande" sprach der Papst Mut zu:

„In dieser Stunde, wo ihr Glaube im Feuer der Trübsal und der versteckten und offenen Verfolgung als echtes Gold erprobt wird, wo sie von tausend Formen organisierter religiöser Unfreiheit umgeben sind, wo der Mangel an wahrheitsgetreuer Unterrichtung und normaler Verteidigungsmöglichkeit schwer auf ihnen lastet, haben sie ein doppeltes Recht auf ein Wort der Wahrheit und der seelischen Stärkung." (ebenda, S. 190).

Die Enzyklika wurde in Rom in 27 Exemplaren – für jedes deutsche Bistum eines – gedruckt, durch Kuriere zugestellt und in den einzelnen Bistümern unter strenger Geheimhaltung vervielfältigt. Im sehr ausgedehnten Bistum Trier wurde die Enzyklika durch nächtliche Kurierfahrten allen 61 Dekanaten übergeben und von dort aus an die Pfarreien weitergeleitet. Am 21. März 1937 – Palmsonntag – wurde das päpstliche Schreiben in den Kirchen im ganzen Reich – oft in mehreren Messen – verlesen; im Bistum Trier in allen 850 Pfarrgemeinden sowie in einigen hundert geistlichen Häusern. Im Trierer Dom wurde der Text ununterbrochen vorgelesen, wobei sich mehrere Geistliche abwechselten. Aufgrund dem damaligen Anteil der Kirchgänger schätzt man die Zahl der Zuhörer an jenem Palmsonntag allein im Bistum Trier auf über eine Million Menschen (ebenda, S. 188).

Welche Bedeutung die Enzyklika für das Kirchenvolk hatte, schildert ein Zeitzeuge:

„Diese Erklärung war für viele Katholiken deshalb so befreiend, weil sie in all diesen Jahren an der Front des alltäglichen Lebens eine Menge Erfahrungen gemacht hatten, die belegten, wie berechtigt die Anklage des Papstes war. Nun rechtfertigte die höchste kirchliche Autorität den stillen Widerstand, den sie jahrelang gegen den kirchenfeindlichen Kurs des Regimes geleistet hatten (...) Wer nie unter einem totalitären Regime gelebt hat, kann sich kaum vorstellen, daß fast jede Aussage dieses Hirtenschreibens in den Ohren der Machthaber wie eine Majestätsbeleidigung klang. Die Menschen damals aber spürten es. Die gebannte Aufmerksamkeit, mit der sie zuhörten, zeigte es deutlich. Ihre Mienen und Blicke verrieten, daß sie darauf brannten, ihrer Zustimmung zum Wort des Heiligen Vaters Ausdruck zu geben (...) Dabei waren es, weiß Gott, keine umstürzlerischen Parolen, die da verkündet wurden. Es waren die fundamentalen Glaubenswahrheiten, von denen wir aber in vier Jahren nationalsozialistischer Praxis erfahren hatten, daß sie dem Evangelium des Dritten Reiches diametral entgegenstanden." (Ernst Wilhelm Nusselein, zit. nach: Thomas, S. 192 f.).

Dementsprechend prompt kam die Reaktion der NS-Führung. In einem Schreiben an alle Gestapo-Stellen erklärte SD-Chef Heydrich, das Rundschreiben enthalte hochverräterische Angriffe gegen den nationalsozialistischen Staat, und ordnete an, daß alle außerhalb von Kirchen und Pfarrhöfen greifbaren Exemplare der Enzyklika zu beschlagnahmen seien. „Soweit Personen außerhalb der Kirchen und Pfarrhöfe Druck-

Bischof Bornewasser im überfüllten Dom.

schriften verteilen und es sich nicht um Geistliche handelt, sind diese sofort zu verhaften (...) Sie sind sofort zur strafrechtlichen Aburteilung dem Gericht zu überstellen." (Thomas, S. 198).

Am 25. März wurden alle Exemplare des Kirchlichen Amtsanzeigers Trier, in dem der Text des päpstlichen Rundschreibens veröffentlicht worden war, beschlagnahmt und ein weiteres Erscheinen des Amtsanzeigers für drei Monate verboten. Am 26. März erging ein Führerbefehl, sämtliche an der Verbreitung der Enzyklika beteiligten Druckereien zu schließen. In Trier traf es am 27. März die Druckerei Emmerich Herzig in der Brotstraße 37, die seit 1848 das kirchliche Amtsblatt des Bistums gedruckt hatte. Alle Vermögenswerte der Druckerei im Besitz der Geschwister Joseph, Elisabeth und Maria Herzig wurden beschlagnahmt.

Für den Abend des 28. März (Ostersonntag) kündigte Bischof Bornewasser eine Predigt im Dom an, in der er sich zum Verbot des Amtsblattes mit diesem „unendlich wichtigen Brief" des Papstes äußerte. Wegen des Andrangs der Zuhörer wurde die Predigt auch in die benachbarte Liebfrauenkirche übertragen. Als er erklärte, es sei seine Pflicht, die Wahrheit über die Dinge zu verbreiten, „nicht die Zeitungswahrheit, sondern die wirkliche Wahrheit“ und es werde ihn kein Mensch davon abbringen, unterbrachen die Gläubigen die Predigt durch laute „Bravo“-Rufe.

Nur wenige Wochen später holten die Nationalsozialisten zu einem neuen Schlag gegen die Kirche aus: Im Mai 1937 wurde in Trier ein Schauprozeß gegen einen katholischen Priester veranstaltet, dem homosexuelle Handlungen mit Minderjährigen nachgewiesen worden waren. Neben der Glaubwürdigkeitskrise, in die die katholische Kirche durch reißerisch aufgemachte Enthüllungen über sittliche Vergehen von Geistlichen gestürzt werden sollte, ging es dem Regime auch darum, den Trierer Bischof mit Anschuldigungen wie fehlende Dienstaufsicht, Verheimlichung und Begünstigung zu diffamieren. Der Staatsanwalt Dr. Hofmann warf dem Bischof sogar „objektiven Meineid“ vor, was von ihm und den Katholiken als ungeheuerlich empfunden wurde und zu öffentlichen Solidarisierungsaktionen des Kirchenvolkes führte. So mußte die Pfingstpredigt des Bischofs mit Lautsprechern in die benachbarte Liebfrauenkirche, den Domkreuzgang und auf den Domfreihof übertragen werden, weil die Domkirche für die Menschenmassen zu klein war. Noch größer war der Andrang, als Bornewasser zwei Monate nach diesem Prozeß, im Juli 1937, anläßlich der jährlichen Heiltumsfahrt in Aachen predigte.

In den Jahren 1938–1941 griff die Partei die Kirche offen an: Die Bahnhofsmission in Trier, das Schwesternseminar der Caritas, das Bischöfliche Konvikt in Prüm und das katholische Schülerheim in Wittlich-Wengerohr wurden geschlossen. Schüler, die im Bischöflichen Konvikt in Trier wohnten, durften nicht mehr in öffentliche Schulen aufgenommen werden bzw. mußten die Schulen verlassen. Katholische Kindergärten wurden von der „Nationalsozialistischen Volkswohlfahrt“ (NSV) übernommen. Die Bistumszeitung „Paulinus“ mit einer Auflage von 125 000 Exemplaren wurde verboten. Die Abtei St. Matthias wurde aufgelöst und das Priesterseminar zugunsten des Deutschen Reiches beschlagnahmt. Mehrfach fanden Hausdurchsuchungen im Bischöflichen Generalvikariat und in den Wohnräumen des Bischofs statt, bei denen Akten und Privatkorrespondenz des Bischofs beschlagnahmt wurde.

In der Nacht vom 11. zum 12. Juni 1938 klebten „Unbekannte“ Plakate an die Portale und Mauern von Dom, Liebfrauenkirche, Bischofshof und Generalvikariat, mehreren Domkurien und an die Türen des Ursulinenklosters: „Deutscher Junge! Deutsches Mädel! Du stehst zum Führer! Nur er befiehlt dir! Bekenne dich zu ihm!“ Obwohl die Plakate mit „HJ“ gezeichnet waren, konnten die Schuldigen, die von der Kirche wegen Sachbeschädigung angezeigt worden waren, nicht ermittelt werden...

Ebenfalls ohne Ergebnis blieben die Ermittlungen, als „Unbekannte" in der Nacht vom 7. auf den 8. Juli 1938 zweimal mit Teer das Wort „Lump" an die Mauern des Bischofshauses in der Liebfrauenstraße schmierten. Am Sonntagmorgen des 3. Juli 1938 färbten Kirchengegner den Inhalt der beiden Weihwasserbecken im Dom rot und blau, so daß sich die Gläubigen Finger, Gesicht und Kleider blau und rot beschmierten (Heyen, S. 208 f.).

Folgenschwerer waren die Schikanen, denen die Geistlichen nun zunehmend ausgesetzt wurden: Verhöre, Predigtverbot, erzwungene Versetzung, Entzug der Lehrerlaubnis, Hausdurchsuchungen, Beschlagnahmungen, Überwachungen, Ausweisung oder Aufenthaltsverbot, Festnahme, Verurteilung zu Gefängnis oder Zuchthaus. 57 Priester aus dem Landkreis Trier wurden in KZs eingeliefert. Pater Martin Schiffer, Pater Maurus Münch (beide aus der Abtei St. Matthias) und Pater Clemente Pereira, der in der Pfarrei Christkönig als Jugendseelsorger und zudem als Seelsorger der jungen Luftwaffenhelfer in Trier tätig war, wurden ins KZ Dachau gebracht und erst 1945 dort befreit.

All diese Maßnahmen gegen Kirche und Klerus zeigten kaum einschüchternde Wirkung auf die katholische Bevölkerung. In einer von der NSDAP erstellen Ortsgruppenkartei des Landkreises Trier vom Februar 1938, in der Beurteilungen über die Arbeit der Partei, die Stellung des Klerus und das Verhältnis der Bevölkerung zur Kirche abgegeben wurden, heißt es in einer Gesamtbeurteilung des Kreises:

„Die Bevölkerung hatte sich nach der Machtübernahme trotz Wirtschaftsnot und religiöser Verdummung und Abhängigkeit auf den Boden des heutigen Staates gestellt. Dann setzte die von Rom und Juda geführte klerikale Hetze ein, durch die die Bevölkerung zunächst in zwei feindliche Lager gespalten und unsere Ideen und Maßnahmen zerredet wurden (...) Durch die vielen Klöster und andere konfessionelle Anstalten sowie eine fast tausendjährige antideutsch geleitete römisch-katholische Erziehung ist die Bevölkerung überwiegend kirchlich stark gebunden." (ebenda, S. 334).

Dafür spricht auch die Tatsache, daß von Juli 1939 bis Juni 1941 in der Stadt Trier und im Kreis Trier-Land nur 140 Katholiken aus der Kirche austraten.

Bischof Bornewasser rief in diesen Jahren häufig zur Wachsamkeit gegen das wachsende unchristliche Leben in Deutschland auf, unterstützte die Gläubigen in ihrer Treue zur Kirche und protestierte immer wieder gegen Maßnahmen der Nazis, die den Einflußbereich der Kirche und die Glaubensfreiheit der Gläubigen einschränkten. Außerdem gehörte er zu

den wenigen Bischöfen in Deutschland, die öffentlich die verbrecherische NS-Praxis der „Vernichtung unwerten Lebens" kritisierten.
In einer Predigt betonte er am 14. September 1941: „Du sollst nicht töten! – das ist das gewaltige, die unschuldige Menschheit auf der ganzen Erde schützende Gottesgesetz, hineingeschrieben in das menschliche Gewissen, längst bevor es das Strafgesetzbuch gab. Gilt es für deutsche, unschuldige Menschen, auch wenn sie ‚unproduktiv' und nach der Auffassung gewisser Volksgenossen ‚lebensunwert' sind, – gilt das für deutsche Menschen nicht mehr? Dann wehe dir, armes Deutschland!" (Heinz, Bd. 2, S. 444).]
Noch weiter greift die Kritik in dem Hirtenbrief der deutschen katholischen Bischöfe vom 19. März 1943, der in allen Kirchen – auch im Bistum Trier – verlesen wurde:
„Tötung ist in sich schlecht, auch wenn sie angeblich im Interesse des Gemeinwohls verübt würde: an schuld- und wehrlosen Geistesschwachen und -kranken, an unheilbar Siechen und tödlich Verletzten, an erblich Belasteten und lebensuntüchtigen Neugeborenen, an unschuldigen Geiseln und entwaffneten Kriegs- oder Strafgefangenen, an Menschen fremder Rasse und Abstammung." (Christoffel, S. 91).)
Gegen die Deportation und die Ermordung der Juden aus dem Bistum Trier oder gegen das in der Nähe von Trier gelegene KZ Hinzert bezog Bischof Bornewasser selbst nicht ausdrücklich Stellung. Allerdings hätte dabei auch die Gefahr bestanden, daß der NS-Staat Vergeltungsmaßnahmen gegen ihn persönlich, die trierische Kirche oder die Gläubigen ergriffen hätte.
In den letzten Kriegsjahren wurden wegen der Kriegswende die Maßnahmen von Partei und Staat gegen die Kirche abgemildert. In Trier wie im übrigen Deutschland konnte 1944/45 wieder offen zu Fastenpredigten, Advents- und Bekenntnisfeiern eingeladen werden.
Wie sich die Partei die Haltung zur Kirche nach dem erhofften „Endsieg" vorstellte, läßt sich aus einem Schreiben von Martin Bormann – Sekretär Hitlers und Leiter der Parteikanzlei – an die Gauleiter vom Juni 1941 ersehen: „Ebenso wie die schädlichen Einflüsse der Astrologen, Wahrsager und sonstigen Schwindler ausgeschaltet und durch den Staat unterdrückt werden, muß auch die Einflußmöglichkeit der Kirche restlos beseitigt werden. Erst wenn dies geschehen ist, hat die Staatsführung den vollen Einfluß auf die Volksgenossen. Erst dann sind Volk und Reich für alle Zukunft in ihrem Bestand gesichert." (In: Friedrich Zipfel, Kirchenkampf in Deutschland 1933–1945. Religionsverfolgung und Selbstbehauptung der Kirchen in der nationalsozialistischen Zeit. Berlin 1965, S. 515 f.).

Noch prägnanter sagt es das Motto, zu dem sich schon der junge Hitler bekannt hatte: „Ohne Juda, ohne Rom, wird erbaut Alldeutschlands Dom!“ (von Hehl, S. 172). Von Hitler stammt auch der Ausspruch, daß taktische Friedensschlüsse mit der Kirche ihn nicht daran hindern würden, „mit Stumpf und Stiel, mit allen seinen Wurzeln und Fasern das Christentum in Deutschland auszurotten.“ (Lill, S. 33).

Die evangelische Kirche

Da die Literatur über die evangelische Kirche in Trier sehr begrenzt ist und erst in jüngster Zeit durch Forschungen zur Bekennenden Gemeinde Triers ergänzt wurde, kann hier nur skizzenartig auf das Leben der Gemeinde eingegangen werden.

Die evangelische Kirchengemeinde Trier wurde 1817 gegründet und bestand vorwiegend aus Angehörigen der preußischen Militär- und Beamtenschicht. Diese gesellschaftliche Position vieler Gemeindemitglieder und die auf Luther zurückgehende Tradition einer besonderen Gehorsamspflicht gegenüber der Obrigkeit ließ die evangelische Kirche dieser Zeit in besondere Nähe zum Staat rücken.

In Trier umfaßte die evangelische Kirchengemeinde 1933 etwa 6 000 Mitglieder. An der Spitze der Gemeinde stand seit 1922 Pfarrer Karl Becker, der die Deutsch-Nationale Volkspartei ab 1929 im Stadtrat vertrat. Becker trat entschieden für den Zusammenschluß der 28 Landeskirchen zu einer einheitlichen Deutschen Evangelischen Kirche ein. Da diese Forderung auch von Hitler ebenso wie von den der NSDAP nahestehenden „Deutschen Christen“ vertreten wurde, trat Becker im Juli 1933 dieser Gruppe bei. In einer Ansprache anläßlich der Wahlen für die Gemeindevertretungen und die Synode der evangelischen Kirche im Juli 1933 erklärte er:

„Eine gerade Linie führt von Luther bis Adolf Hitler. Das Dritte Reich soll auf dem Fundament des Evangeliums ruhen. Der Traum von vier Jahrhunderten ist heute erfüllt. Am 11. Juli wurde die Deutsche Evangelische Kirche geschaffen, der deutsche Protestantismus ist geeint. Er hat damit eine Schlagkraft gewonnen wie nie zuvor.“ (Bollmus, S. 529).

Die „Bekennende Kirche“ (BK), die sich gegen den einer kirchenpolitischen Diktatur gleichkommenden Kurs der „Deutschen Christen“ wandte und von ihr abspaltete, wurde von Becker abgelehnt. Das hatte zur Folge, daß die offizielle evangelische Gemeinde Triers bis 1945 den Leitlinien der vom NS-System aus weitgehend taktischen Motiven aufrechterhaltenen Deutschen Evangelischen Kirche folgte.

Mit der Trierer Gemeinde der BK, die sich 1934 bildete, gab es keine Zusammenarbeit. Sie bestand aus 50 bis 70 Gläubigen. Ihre Gottesdienste hielt diese Gemeinde ab 1936 in einem Zimmer des heutigen ,,Warsberger Hofes" in der Dietrichstraße, dem damaligen Haus des Kommerzienrates Rautenstrauch, ab. Ihre Leitung lag in den Händen meist junger Vikare, von April 1938 bis August 1939 bei dem ersten hier auch ordinierten Geistlichen, Klaus Lohmann. Er gehörte, wie schon früher erwähnt, zu den wenigen Pfarrern in Deutschland, die am Sonntag nach dem antisemitischen Novemberpogrom 1938 der Juden als ,,unserer Brüder" gedachte. Daraufhin wurde von der Gestapo gegen ihn ermittelt und Anklage erhoben. Dabei handelte es sich um eines von zwölf politischen Verfahren, denen der Geistliche in seiner 14monatigen Amtszeit ausgesetzt war. Es wurde dank der ,,Amnestie" zu Kriegsbeginn niedergeschlagen. Die Einberufung Lohmanns zum Militärdienst 1939 schwächte die kleine Gemeinde. Sie konnte aber auch während des Krieges weiter Gottesdienste in der Villa Rautenstrauch abhalten.

Der Bekennenden Kirche, die den christentums-feindlichen Charakter der Nationalsozialisten durchschaut hatte, standen in Trier zwei deutschnational gesinnte Pfarrer der ,,offiziellen" evangelischen Kirchengemeinde gegenüber. Immerhin wandte sich Pfarrer Becker ebenso wie Bischof Bornewasser entschieden gegen den NS-Ideologen Rosenberg und sein Neuheidentum.

Über das Leben der ,,offiziellen" evangelischen Kirchengemeinde während der NS-Zeit ist wenig überliefert. Im Jugendbereich ging die ,,Christliche Pfadfinderschaft" nach der Machtübernahme sofort zur HJ über, der ,,Männer- und Jünglingsverein" löste sich auf. Damit gab es Anfang 1933 keine evangelische Jugendarbeit in Trier mehr. Erst nach dem zwischen Reichsjugendführung und Deutscher Evangelischer Kirche am 19. Dezember 1933 vereinbarten ,,Abkommen über die Eingliederung der evangelischen Jugend in die Hitler-Jugend", das von der Trierer Gemeindeleitung ausdrücklich begrüßt wurde und durch ein Abkommen zwischen Pfarrer Becker und der örtlichen HJ bekräftigt wurde, konnte im Februar 1934 die Jugendarbeit wieder aufgenommen werden. Allerdings blieb sie eng auf den religiösen Bereich beschränkt. 1937 wurde auch im evangelischen Bereich die Arbeit durch das Verbot eines lehrplanmäßigen Religionsunterrichtes eingeschränkt. Auf Druck der NSDAP hin verließen zahlreiche Gläubige die evangelische Gemeinde. Sie blieb jedoch weitgehend von Übergriffen der Gestapo und schwerwiegenden Beeinträchtigungen des Gemeindelebens verschont.

Die Zerschlagung der Arbeiterbewegung

Ein Bereich des Lebens in Trier, der gleich nach der Machtübernahme zertrümmert wurde, war die Trierer Arbeiterbewegung. Dazu gehörten die SPD, die Kommunistische Partei Deutschlands (KPD) und die Gewerkschaften. Im katholisch-bürgerlichen Trier sowieso schon ausgegrenzt, war es ein Leichtes, ihr mit Verboten weitgehend den Garaus zu bereiten. Jedoch war es auch in Trier nicht weniger leicht die Verbote zu kontrollieren, als im übrigen Reich. Die Genossen der SPD haben sich z. B. nach eigenen Angaben in privaten Zirkeln weiterhin getroffen. Als Beleg für die gesellschaftliche Ausgrenzung vor 1933 sollen zwei Beispiele genannt werden. So riefen am 26. März 1920 die Vorstände von 28 katholischen Vereinen in der „Trierer Landeszeitung" (TLZ) und im „Trierischen Volksfreund" (TV) auf, „die sozialdemokratische Zeitung ‚Volkswacht' aus dem Haus zu halten, zwischen der ‚Volkswacht' und einem katholischen Haus, dürfe es keine Gemeinschaft geben." (TLZ, 26. 3. 1920). Im April 1928 erklärte der Trierer Bischof Bornewasser, daß katholische Mitglieder der freien Gewerkschaften sich selbst von den Sakramenten der Kirche ausschlössen.

Die Stationen des Untergangs: Am 8. März 1933 wurde das Karl-Marx-Haus von der SA gestürmt. Dort hatte bis dahin die sozialdemokratische Tageszeitung „Volkswacht" ihren Sitz. Diese durfte bereits seit dem 27. Februar 1933 nicht mehr erscheinen und war vorher schon mehrmals tageweise verboten worden. Die am Haus hängende Fahne der „Eisernen Front" (rot mit drei weißen Pfeilen) wurde vom Gebäude geholt und verbrannt. Stattdessen wurde die Hakenkreuzfahne gehißt.

Das Gebäude wurde zum Redaktionssitz des faschistischen „Nationalblattes" umfunktioniert. Wie so oft verwandelte man auch hier eine Einrichtung in ihr Gegenteil,

Karl-Marx-Haus – Redaktionssitz der sozialdemokratischen „Volkswacht" (1932).

demütigte die Menschen zusätzlich. Vergleichbares geschah auch mit dem Haus der Christlichen Gewerkschaften in der Petrusstraße 31, in dem später die „Deutsche Arbeitsfront" untergebracht wurde, die parteikontrollierte Ersatzgewerkschaft der Nazis.
Am 2. Mai 1933, einen Tag nach dem traditionellen „Kampftag der Arbeiterklasse", besetzte die SA endgültig des Gewerkschaftshaus in der Dietrichstraße 8, nachdem es bereits Anfang März das erste Mal gestürmt worden war. Es wurde später enteignet. Am gleichen Tag wurden im gesamten Reich die Gewerkschaften aufgehoben. Die am 12. März 1933 frisch gewählten Stadtratsmitglieder der SPD konnten ihr Mandat nicht mehr ausüben. Den Stadtratsmitgliedern der KPD sprach man ihr Mandat einfach ab. Die Trierer KPD war bereits im Februar 1933 einer Verhaftungswelle ausgesetzt, ihre Zeitung, das „Volksecho", wurde verboten, Veranstaltungen unter freiem Himmel durften nicht mehr stattfinden.
Letzter Punkt war die Zerschlagung einer Widerstandsgruppe, der vor allem Kommunisten angehörten. Diese hatte sich im März 1934 gegründet und arbeitete bis 1936. Sie stellte Flugblätter her und verteilte diese in Trier und an der Mosel. Bei Verhaftungen und Hausdurchsuchungen fand man Flugblätter. Es kam im Dezember 1936 zum Prozeß, der freilich nicht in Trier, sondern vor dem zuständigen Sondergericht in Hagen, also einer Instanz des offen agierenden NS-Unrechtsstaates, stattfand. 36 Männer und Frauen wurden zu hohen Gefängnisstrafen verurteilt

Die Liste der Verurteilten mit Wohnort und Strafmaß:

Matthias Bermes, Trier, 15 Jahre
Anton Faldey, Trier, 10 Jahre
Josef Eberhard, Trier, 8 Jahre
Wilhelm Torgau, Trier, 7 Jahre
Fritz Torgau, Trier, 7 Jahre
Heinrich Jansen, 6 Jahre
Georg Monzel, Trier, 6 Jahre
Wilhelm Feiler, Trier, 5 Jahre
Aurelia Reichert, Trier, 4 1/2 Jahre
Jakob Sauer, Trier, 4 Jahre
Hans Fassbender, Trier, 4 Jahre
Fritz Merk, Trier, 4 Jahre
Fritz Wollfs, Ehrang, 4 Jahre
Jakob Prunk, Trier, 3 1/4 Jahre
Andreas Calis, Trier, 3 1/4 Jahre
Hans Eiden, Trier, 3 Jahre
Josef Schweigerer, Trier, 3 Jahre
Fritz Grieshaber, 3 Jahre
Ludwig Schmidt, Trier, 3 Jahre
Nikolaus Lieser, Kordel, 3 Jahre
Anton Mehlem, Trier, 2 3/4 Jahre
Fritz Britzius, Trier, 2 1/2 Jahre
Parsch, 2 1/2 Jahre
Peter Becker, Ehrang, 2 1/2 Jahre
Christoph Wagner, Kordel, 2 1/4 Jahre
Nikolaus Görgen, Ehrang, 2 1/4 Jahre
Katharina Grieshaber, Trier, 2 Jahre

Lothar Batz, Trier, 2 1/4 Jahre
Emilie Weinmann, Trier, 2 Jahre
Matthias Klein, Ehrang, 2 Jahre
Matthias Schneider, Trier, 1 Jahr und 8 Monate
Fritz Pelzer, Trier, 3 Jahre
Heinrich Götte, Trier, 2 1/2 Jahre
Else Britzius, Trier, 2 Jahre
August Tullius, Ruwer, 2 Jahre
Albert Hellenbrand, Ehrang, 2 Jahre
(Christoffel, S. 125)

Andere, am Prozeß nicht beteiligte KPD-Mitglieder, die größtenteils in KZ-Haft gebracht wurden und dort umgekommen sind (†), waren:

Ernst Busse (bis 11. April 1945 in Buchenwald; 1945 erneut festgenommen und 1954 in sowjetischer Haft verstorben)
Eugen Eppstein †
Matthias Gleser †
Anton Krzihalla †
Matthias Lichter †
Matthias Ries †
Ernst Hellbing (KZ Haft 1936–1945)
(Vgl. Bollmus, S. 571 Anm. 156)

Die Trierer Arbeiterbewegung, deren Ende hier dargestellt wurde, hatte eine kurze Geschichte. Vor dem Ersten Weltkrieg nur in Ansätzen vorhanden, erhielt sie erst nach dessen Ende starken Zulauf. Am 9. November 1918 wurde in Trier ein „Arbeiter- und Soldatenrat" gewählt, dem Vertreter der freien Gewerkschaften, der SPD und der 1917 auch in Trier gegründeten „Unabhängigen Sozialdemokratischen Partei Deutschlands" (USPD) angehörten. Der Arbeiter- und Soldatenrat konnte jedoch keinen Einfluß entwickeln, sein Ende kam mit der Übernahme der militärischen Gewalt durch die zunächst amerikanischen, später französischen Truppen am 1. Dezember 1918. Trotzdem kann man hier von einem Durchbruch der Trierer Arbeiterbewegung sprechen, denn es gelang erstmals, breite Teile der Arbeiterschaft anzusprechen und zu mobilisieren. Generalstreiks, wie sie anläßlich des Kapp-Putsches am 15. März 1920 oder bei der Ermordung von Reichsaußenminister Rathenau am 27. Juni 1922 auch in Trier durchgeführt wurden, wären sonst nicht vorstellbar gewesen.

Die Mitgliederzahl der Trierer SPD (1890 gegründet) stieg von ca. 170 vor dem Ersten Weltkrieg auf über 1 100 an. Im Deutschen Metallarbeiterverband stieg die Zahl der organisierten Arbeiter von 486 (Ende 1918) auf 2 055 (Ende 1919) an. Im Jahr 1922 waren 2 400 Beschäftigte Mitglied im Deutschen Eisenbahnerverband, 1 500 Mitglieder umfaßte der Deutsche Bauarbeiterverband und 1 200 Mitglieder der Tabakarbeiterverband. Im Ortskartell des Allgemeinen Deutschen Gewerkschaftsbundes (ADGB) waren zeitweise über 30 Gewerkschaften zusammengefaßt. Bei der Wahl zur Verfassungsgebenden Nationalversammlung am 19. Januar 1919 erhielt die SPD 4 444 Stimmen (18,2 %).

Krahnenstraße – eine Hochburg der KPD (1941).

In den Folgejahren entwickelten sich dann die typischen kulturellen und wirtschaftlichen Strukturen der Arbeiterbewegung in Ausprägungen, wie sie schon vor 1914 in vielen Städten Deutschlands anzutreffen waren. Am 1. September 1920 erfolgte die Gründung des Vereins „Arbeiterjugend", Vorläufer der „Sozialistischen Arbeiterjugend" (SAJ). Ab Oktober 1920 konnte man einen Dachraum in der Dewora-Schule nutzen. Im Juli 1926 wurde das Friedrich-Ebert-Jugendheim in der Reckingstraße eingeweiht. Hier fand fortan die Jugendarbeit statt, das Gebäude wurde aber auch von anderen Parteigliederungen genutzt. Im Mai 1931 kam das August-Bebel- Jugendheim in einem Raum in den städtischen Kasernen in der Gneisenaustraße hinzu. Im März 1932 folgte ein drittes Jugendheim in der Göbenkaserne, Thyrsusstraße. Der SAJ gehörten Ende 1932 zweihundert Mitglieder an. Die Jugendarbeit umfaßte politische Bildung und gemeinsame Freizeitgestaltung, z. B. in der SAJ-Theatergruppe „Der rote Kreis".

Ebenfalls im Jahr 1920 gründeten sich die Arbeiterwohlfahrt, die Naturfreunde und die Freie Volksbühne. Die sozialdemokratische (sich marxistisch verstehende) Tageszeitung „Volkswacht" erschien seit dem 27. August 1919. Eine Warenverkaufsstelle für Partei- und Gewerkschaftsmitglieder wurde im Mai 1920 eingerichtet. Bis Februar 1922 war die Verkaufsstelle in der Krahnenstraße 19, danach im Gewerkschaftshaus in der Palaststraße 16. Arbeitergesangvereine, Arbeitersportvereine und eine Bibliothek rundeten das Bild ab. Im Juli 1929 eröffnete dann sogar die „Bank der Arbeiter, Angestellten und Beamten" im Gewerkschaftshaus eine Zahlstelle. Die gemeinnützige Baugenossenschaft der freien Gewerkschaften errichtete Anfang der dreißiger Jahre die Eckhäuser Kloschinsky- / Zeughausstraße, die zu den wenigen Zeugnissen moderner Baukunst damaliger Zeit („Neue Sachlichkeit") im verarmten, aber auch konservativ geprägten Trier der Weimarer Republik gehörten.

Eine Ortsgruppe der KPD gründete sich erst im Jahr 1920. Sie hatte ihre Hochburgen in der Weberbach („Triers Wedding") und in der Krahnenstraße. Auch in ihr kann man die typischen Strukturen der Arbeiterbewegung wiederfinden.

Es existierten eine Ortsgruppe des „Kommunistischen Jugendverbandes Deutschlands" (KJVD) mit ca. fünfzig Mitgliedern, der „Rotfrontkämpferbund" und die „Rote Hilfe". Die „Revolutionäre Gewerkschaftsopposition" (RGO) tritt Anfang 1930 zu Betriebsratswahlen an.

In den Folgejahren läßt sich feststellen, daß Sozialdemokraten zur KPD wechselten und umgekehrt. Das auf Funktionärsebene sicher gespannte Verhältnis der beiden Parteien scheint bei der Anhängerschaft entspannter gewesen zu sein. So fanden z. B. gemeinsame Wanderungen von SAJ und KJVD statt. Auch kam von Oktober 1930 an eine Wahlgemeinschaft für die Stadtratsausschüsse zustande. Die SPD kündigte diese Wahlgemeinschaft im Juli 1931 aber wieder auf, weil die KPD das von der NSDAP und anderen Rechtsparteien durchgesetzte Volksbegehren zur Auflösung des preußischen Landtags unterstützte. Dank seiner seit 1919 vorhandenen SPD-Mehrheit stellten der Landtag und die sich auf ihn stützende Preußische Staatsregierung eines der wenigen stabilisierenden Elemente der gesamten Weimarer Republik dar. Ein Jahr später scheiterte ein weiterer Versuch, eine Einheitsfront zu bilden, nachdem die KPD-Genossen weiterhin darauf bestanden, die SPD als Partei der „Sozialfaschisten" bezeichnen und sie sogar im Bunde mit der NSDAP bekämpfen zu können (vgl. Bollmus, S. 523). Selbst als sich die Sozialdemokraten am 4. Februar 1933 zu einer Demonstration gegen die Ernennung Hitlers zum Reichskanzler und den Aufmarsch der Trierer NSDAP durch die Innenstadt versammelten, blieben die Angehörigen von SPD, Reichsbanner und Eiserner Front unter sich – die KPD hatte zum Boykott aufgerufen.

Einen Rückschlag erhielt die Trierer Arbeiterbewegung durch die Besetzung der Ruhr durch französische Truppen. Die Arbeiterschaft nahm am passiven Widerstand teil. Tausende Eisenbahnerfamilien sowie führende Gewerkschafts-, SPD- und KPD-Funktionäre wurden in die unbesetzten Gebiete ausgewiesen. Die Arbeit der Gewerkschaften und Parteien kam zum Erliegen und belebte sich erst im Jahr 1924 wieder.

Ein interessanter Aspekt ist die Zuwendung von Teilen des jüdischen Bildungsbürgertums zur Arbeiterbewegung. Hierfür stehen in Trier die Namen von Gertrud Schloß, Else Scheuer-Insel und Edmund Scheuer.

Nationalsozialistischer Terror gegen die Arbeiterbewegung

Im November 1925 gründete sich in Trier eine NSDAP-Ortsgruppe. Daß sich die Trierer Arbeiterbewegung der Bedrohung durch die Hitler-Jünglinge bewußt war, zeigt die Berichterstattung der Volkswacht. Schon am 2. Dezember 1925 rief sie zur Gründung einer Trierer Ortsgruppe des „Reichsbanners Schwarz-Rot-Gold" auf, einer bewaffneten Organisation der demokratischen Mitte-Parteien. Der Appell konnte jedoch erst nach mehreren vergeblichen Versuchen im Juni 1926 in die Tat umgesetzt werden, wobei sich die katholische Zentrumspartei zurückhielt. Im gleichen Monat wurde auch der kommunistische „Rotfrontkämpferbund" gegründet. Im Februar 1932 erfolgte dann auch die Gründung der „Eisernen Front" als Zusammenschluß von Gewerkschaften und „Reichsbanner". Die SPD-Zeitung „Volkswacht" warnte ständig vor der NSDAP. Die Nazis ließen von Anfang an keinen Zweifel an ihrer demokratiefeindlichen, antisemitischen und antibolschewistischen Einstellung. Als „Bolschewisten" bezeichneten sie die KPD; alle anderen Linken, wie Sozialdemokraten und Gewerkschafter, galten als Marxisten. Bei einer Veranstaltung in der Tonhalle am Paulusplatz am 10. April 1926 wurden Flugblätter mit der Aufschrift „Enteignet die Fürsten, der Jude braucht's Geld" verteilt. Damals ahnte wohl noch keiner, daß mit dem Erscheinen der NSDAP die letzten Jahre der Arbeiterbewegung in Trier begonnen hatten. Ein Jahr nach ihrer Gründung zeigten die Trierer

Wahlkampf der „Eisernen Front" (1932).

Nazis zum ersten Mal die Bereitschaft, ihre politische Hetze aktiv umzusetzen. Zwanzig bis fünfundzwanzig Nazis überfielen eine Gruppe SAJ-Mitglieder und schlugen sie zusammen. Die Heftigkeit der Auseinandersetzung nahm mit dem Erstarken der NSDAP im Jahre 1930 zu. Am 17. Oktober 1930 fielen die ersten Schüsse gegen das KPD-Stadtratsmitglied Anton Faldey, abgefeuert von Paul Simon, dem Schriftleiter des „Nationalblattes".

Das erste Opfer des Faschismus in Trier wurde der bei der „Volkswacht" beschäftigte Drucker Hermann Möschel. Er nahm am 10. Juli 1932 an einem Fest der „Eisernen Front" in Pfalzel teil. Bei dem abschließenden Umzug durch das Dorf überfielen ca. 200 Mitglieder der SA die arglosen Teilnehmer. Möschel und zwei weitere Männer wurden durch Schüsse verletzt. Ein weiterer erhielt einen Stich von hinten in die Lunge. Im Verlauf der daraufhin ausbrechenden Schlägerei wurde Möschel weiter mißhandelt. Er starb am darauffolgenden Tag an den Folgen der Verletzungen. Die Strafverfahren gegen beteiligte Nazis wurden nach dem Januar 1933 eingestellt.

Bei einer Demonstration der KPD gegen den faschistischen Terror am darauffolgenden Tag beteiligte sich auch die „Eiserne Front". Ungeklärt ist der Tod von Johann Ries (KPD). Beim Plakatekleben erschoß ihn ein Polizist an der Kreuzung Olewigerstraße/ Sickingenstraße am 24. Juli 1932. Der Polizist gab an, sich bedroht gefühlt zu haben. Drittes Opfer wurde in der Sylvesternacht 1932/33 der Ehranger KPD-Vorsitzende Peter Greif. Er wurde von Nazis im Verlauf einer Auseinandersetzung niedergeschossen. Zwei weitere Kommunisten wurden durch Schüsse verletzt. Greif starb am 6. Januar 1933 im Ehranger Krankenhaus. Einer der Täter wurde am 16. Januar im „Braunen Haus" im Jakobsspitälchen festgenommen, jedoch nach der „Machtergreifung" freigelassen. In der Nacht vom 5. auf den 6. März 1933 wurde der Arbeiter Johann Schirra in der Krahnenstraße durch die SA ermordet. Er soll der KPD nahegestanden haben. Vergeblich sucht man heute in diesen Straßen nach einem Hinweis auf die politischen Morde.

Der bereits erwähnte Versuch im Juni 1932, eine Einheitsfront von SPD und KPD zu bilden, wurde nach der Ermordung Möschels noch einmal aufgegriffen, scheiterte jedoch. So spiegelt sich auch in den Trierer Verhältnissen die Spaltung der Arbeiterbewegung wider. Eine Zusammenarbeit zur Abwehr des Faschismus kam nicht zustande.

Verfolgung von Geisteskranken, Homosexuellen und anderen Gruppen

Vorbemerkungen

Die ,,Vernichtung unwerten Lebens", die ,,Reinhaltung der deutschen Rasse" und der ,,nationale Kampf um Lebensraum und Dasein" als Teile der nationalsozialistischen Ideologie entstanden nicht erst mit den Nazis, sondern waren bereits vorher in der gesellschaftlichen Auseinandersetzung zu finden. Der Sozialdarwinismus als Theorie über die Entwicklung der menschlichen Gesellschaft aus der Zeit um die Jahrhundertwende sah eine Notwendigkeit im Prozeß der sozialen Auslese, im sogenannten ,,Recht des Stärkeren" zum Fortbestand, zur Weiterentwicklung und zur Durchsetzung der eigenen Gesellschaft gegenüber anderen Großgruppen oder Staaten. Geisteskranke, Behinderte und andere Personengruppen, die in dieser Auslese unterliegen, müssen danach notwendigerweise verschwinden. Dies stellt eine Ideologie dar, die nach innen wie nach außen den Kampf gegen ,,minderwertige Gesellschaftsmitglieder" proklamiert. Als minderwertig konnten von den Nazis alle eingestuft werden, welche sich auf irgendeine Weise ihrer Ordnung nicht einfügen ließen, nicht planbar, berechenbar, verwertbar waren.

Entsprechende Gesetze und Gesetzesvorlagen gab es bereits lange vor der Machtübernahme durch die Nazis, sie wurden aber erst von den Nationalsozialisten in repressivster Weise durchgesetzt und ausgeführt. Bei den Gesetzesvorlagen sind u. a. zu nennen das ,,Gesetz zur Verhütung erbkranken Nachwuchses", das ,,Gesetz gegen Gewohnheitsverbrecher" und das ,,Ausführungsgesetz gegen Gewohnheitsverbrecher" (Maßregeln der Sicherung und Besserung). Der § 175 des Strafgesetzbuches über homosexuelle Handlungen existierte auf Reichsebene bereits seit 1871, wurde aber 1935 erheblich verschärft. Das ,,Gesetz zur Verhütung erbkranken Nachwuchses" schreibt die Sterilisation erbkranker Personen fest. In § 1 sind folgende ,,Krankheiten" aufgeführt:

1. Angeborener Schwachsinn,
2. Schizophrenie,
3. zirkuläres (manisch-depressives) Irresein,
4. erbliche Fallsucht,
5. erblicher Veitstanz (Huntington'sche Chorea),
6. erbliche Blindheit,
7. erbliche Taubheit,

8. schwere erbliche körperliche Mißbildung und im Zusatz schwerer Alkoholismus.

Verabschiedet wurde dieses Gesetz bereits am 14. Juli 1933. Das „Gesetz gegen Gewohnheitsverbrecher“ stellt die juristische Grundlage für die „Lösung der Asozialenfrage“ dar. Mit ihm war ein Instrument geschaffen, das zusammen mit den Maßregeln der Sicherung und Besserung wie Arbeitshaus, Berufsverbot, Reichsverweisung, Kastration und Zwangsunterbringung in Heil-, Pflege- und Trinkeranstalten ein breit gefächertes Repressionsinstrumentarium gegen die Ärmsten der Armen bot.

Ebenfalls ein Instrument der Repression war der bestehende § 175 des Strafgesetzbuches, der vorsah, daß jeder Mann, der mit einem anderen Mann Unzucht treibt oder sich zur Unzucht mißbrauchen läßt, mit Gefängnis bestraft werden sollte. Bei der Verführung eines Minderjährigen drohte sogar eine Strafe mit Zuchthaus bis zu zehn Jahren. Über die Verschärfung dieser Vorschrift heißt es in einem Kommentar, die neue Fassung solle jede Unzucht zwischen Männern treffen, auch wenn sie nicht beischlafähnlich sei. Es mußte objektiv das allgemeine Schamgefühl verletzt und subjektiv die wollüstige Absicht vorhanden sein, die Sinneslust eines der beiden Männer oder eines dritten zu erregen. Darunter fiel auch schon das Abtasten selbst des bekleideten Körpers (Schönke, S. 377 ff.). Der Diskriminierung, der Denunziation und Verfolgung von Homosexuellen war damit auf breiter Basis und in gröbster Willkür Tür und Tor geöffnet. Freilich waren die Grundlagen dieses § 175 in den traditionellen kulturellen und religiösen Vorurteilen gegenüber Homosexuellen begründet. Den rassistischen Anschauungen der Nazis kamen diese Meinungen entgegen.

Die Situation in Trier

Auch in Trier wurden Menschen verfolgt und getötet, die der „Reinhaltung der deutschen Rasse“ im Wege standen. Berichte von Betroffenen oder andere Unterlagen, die diese Verfolgung und das damit verbundene Leid festhalten, gibt es jedoch kaum. Zwangssterilisierungen wurden nachweislich im Evangelischen Krankenhaus vorgenommen. Der damalige Chefarzt und Chirurg Dr. Schulzebeer tritt als Verfasser von „Standarte X – Tageblätter einer Grenzstandarte der SA aus der Kampfzeit“ in Erscheinung.

Berichte über die Verfolgung der Homosexuellen fehlen in Trier lediglich infolge der Aktenverluste. Man weiß auch nicht, wie und wo sich in Trier Homosexuelle trafen. Es ist nicht bekannt, ob es vor 1933, etwa zur

Zeit der Republik, in Trier zu ähnlichen Vereinsgründungen und Publikationen wie in anderen Städten kam, oder ob dies aufgrund der Provinzialität und des katholisch-bürgerlichen Einflusses für Trier undenkbar war.
Unter dem Nationalsozialismus nahm die Verfolgung hexenjagdähnliche Formen an. Um die katholische Kirche zu treffen, ging die Gestapo systematisch jeder denkbaren Form homosexueller Handlungen nach, und die Gerichte veranstalteten u. a. in Trier im Mai 1937 „Sittlichkeitsprozesse" (vgl. auch Kapitel 5). Verurteilt wurden ein ehemals Trierer Vikar sowie zwölf Ordensbrüder. Im übrigen war es den Nazis nicht um die „Sittlichkeit" gegangen, sondern um die Diffamierung Bischof Bornewassers und der Kirche. Die verurteilten Geistlichen wurden in den KZs unmenschlich behandelt. An mindestens zweien von ihnen wurden Menschenversuche angestellt, u. a. durch Impfung mit Diphteriebazillen.
1938 wurden in landesweiten Aktionen Bettler und Landfahrer in KZs eingewiesen, die zu dieser Zeit unterbelegt waren. Danach waren solche Personen aus dem Straßenbild Triers verschwunden. Ebenso erging es ein Jahr darauf vielen Angehörigen der Sinti und Roma, über deren Aufenthalte und Lebensformen in Trier es freilich ebenfalls keine Berichte oder Unterlagen gibt.
Vorangegangen war in Trier vom 14. bis zum 29. August 1937 eine Wanderausstellung zum Thema „Volk und Rasse", welche das Deutsche Hygiene-Museum Dresden veranstaltet hatte. „Jeder deutsche Mann und jede deutsche Frau muß in diese Ausstellung hineingehen und diese Schau auf sich wirken lassen… Es hat sofort eine rege Propaganda einzusetzen… Es ist eine selbstverständliche Pflicht, daß alle Parteigenossen und Parteigenossinnen die Ausstellung besuchen." (aus einem Aktenband über die Organisation der Ausstellung, beim Landeshauptarchiv Koblenz).
Einem Heft über die Ausstellung ist zu entnehmen, daß die „Rassen"-Frage nur einen Teilaspekt bildete. Der Schwerpunkt lag auf der Propaganda für Kinderreichtum und zur Verhütung erbkranken Nachwuchses.
Im Rahmen der Teilräumung der Stadt Trier zu Kriegsbeginn wurden am 6. September 1939 vorsorglich Krankenhäuser, Alten- und Pflegeheime evakuiert. In der Ordensgeschichte der Barmherzigen Brüder ist nachzulesen, daß zum Beispiel im Brüderkrankenhaus in Trier, einem Männerkrankenhaus mit einer Abteilung für geistig Behinderte, ab November 1939 zwei Kriegslazarette untergebracht waren. Es diente für den Frankreichfeldzug ab Mai 1940 zur Versorgung der Verwundeten. Im Rahmen der Räumung des Krankenhauses wurde die Abteilung für geistig

Das Krankenhaus der Barmherzigen Brüder.

Behinderte aufgelöst und 542 Behinderte wurden abtransportiert. Was mit den damaligen Bewohnern geschah, ist bis heute unbekannt. Vermutlich wurden sie, wie viele andere, in parteigeleitete Anstalten überführt, in denen sie getötet wurden.

Adolf Welter schreibt in seiner Chronik über Euren, daß in mindestens einem Fall die Spuren eines verschollenen Eureners aus einem Trierer Altenheim in den Kreis Gießen/Limburg führen, wo sich in der Nähe die berüchtigte Euthanasieanstalt Hadamar befand (Welter, S. 21). Aus der Chronik des Schönfelderhofes in der Nähe von Zemmer geht hervor, daß deren geistig behinderte Bewohner ebenfalls betroffen waren (Kettern, S. 83). Am 4. Juli 1941 erging ein Bescheid des Oberpräsidenten der Rheinprovinz, den Schönfelderhof räumen zu lassen und die Kranken in die Provinzial-Heil- und Pflegeanstalt Bedburg-Hau zu bringen. Es erfolgte keine Begründung, warum die 60 geistig Behinderten in die Landesnervenanstalt im Kreis Kleve im Norden der damaligen Rheinprovinz überführt werden sollten, aber es konnte kein Zweifel daran bestehen, daß sie auf diesem Umweg zur Vernichtung abtransportiert wurden. Von den 60 Abtransportierten kehrte nur ein einziger nach dem Krieg zurück. Der gleichen Verfolgung fielen auch zahlreiche nicht erfaßte Einzelpersonen, die einfach von den Trierer Straßen verschwunden sind, zum Opfer.

Der Abtransport erfolgte mit Bussen der Reichspost.

Berichte aus der Zeit belegen, daß diese Leute oft direkt der „Vernichtung unwerten Lebens" zugeführt wurden. Sie wurden unter dem Vorwand eines Kuraufenthaltes oder anderer Begründungen abgeholt, und meist erhielten die Angehörigen schon nach kurzer Zeit die Nachricht, daß die betreffende Person an Lungenentzündung oder ähnlichem verstorben sei. In einem Fall soll eine Eurener Familie die Annahme der Asche aus Protest verweigert haben.

Diese Maßnahmen liefen von 1939 an unter dem Decknamen „Aktion T 4" als nationalsozialistisches Euthanasieprogramm. Aufgrund der Unruhe in der Bevölkerung und der massiven Proteste der Kirchen wurde die Aktion im August 1941 eingestellt, insgeheim jedoch in den besetzten Ostgebieten weitergeführt.

In zwei Predigten, am 31. August und am 14. September 1941 und in einem Hirtenbrief vom 26. Juni 1941 ging Bischof Bornewasser, ohne das Euthanasieprogramm oder die Nazis beim Namen zu nennen, auf das Töten Unschuldiger ein und forderte die Katholiken auf, ihren Gewissenspflichten selbst unter Einsatz des Lebens nachzukommen.

„Es gibt aber auch heilige Gewissenspflichten, von denen uns niemand befreien kann und die wir erfüllen müssen, koste es uns selbst das Leben: Nie, unter keinen Umständen, darf der Mensch Gott lästern, nie darf er seinen Mitmenschen hassen, nie darf er außerhalb des Krieges und der gerechten Notwehr einen Unschuldigen töten." (Rothenberger/Schuhn, S. 275).

Bischof Bornewasser wurde nie verhaftet, er konnte sich angesichts öffentlicher Verleumdungen, wie der eines sogenannten „objektiven Meineides“ bei den erwähnten „Sittlichkeits“-Prozessen, auf die Loyalität des Kirchenvolkes stützen. Seine Predigten wurden wegen des Publikationsverbotes teilweise handschriftlich vervielfältigt und so von Hand zu Hand weitergegeben. Der Trierer Stadtoberinspektor Bernhard Sonneborn wurde am 29. Juni 1942 wegen des Besitzes und der Weitergabe der entsprechenden Ausschnitte aus den Predigten der Bischöfe von Galen (Münster) und Bornewasser (Trier) verhaftet, in das KZ Dachau eingeliefert und erst 1945 befreit. Ein von Oberbürgermeister Gorges eingeleitetes förmliches Dienststrafverfahren vor der Kammer in Koblenz endete am 29. Oktober 1943 lediglich mit der Verurteilung zur Gehaltskürzung um 10% für drei Jahre. Dieses Ergebnis war so gut wie eine Ohrfeige für das Vorgehen der SS (Bollmus, S. 555, Fußnote 103). Möglicherweise könnten diese Ereignisse als Indiz dafür gelten, daß in Trier Verfolgung und Repression, u. a. durch das Verhalten führender Personen, in einzelnen Fällen abgeschwächt werden konnte und bedingt durch die katholische Gesinnung vieler Bürger, nicht ganz so scharf war wie in anderen Städten. Trotzdem wurde auch hier mit Angst oder Gleichgültigkeit auf der einen Seite und auf der anderen bejahend oder mitmachend die Hetze und Vernichtung von Menschen miterlebt.

„Es wehen die Fahnen, es brennen die Herzen..." – Trier als Garnisonsstadt

Das Trierer Land ist spätestens seit den Zeiten der Römer, die hier eine Basis für die Eroberung Germaniens und die Hauptstadt für den nördlichen und westlichen Teil ihres Reiches errichtet hatten, immer von Kriegshandlungen betroffen gewesen. In der Zeit der Auseinandersetzungen mit Frankreich nach der französischen Revolution war es Durchzugsgebiet der Alliierten. Nach dem Wiener Kongreß von 1815 gehörte die Region offiziell zu Preußen und wurde zum Aufmarschgebiet gegen den damaligen „Erzfeind" Frankreich. Trier war nun Garnisonsstadt. 1914 war Trier die zweitgrößte Garnison der Rheinprovinz; u. a. waren

Die französische Armee rückt in Trier ein (August 1919).

hier Flieger und Luftschiffe auf der Eurener Flur (heute: Industriegebiet) stationiert. Schon im Ersten Weltkrieg waren gegnerische Luftangriffe zu verzeichnen. Am 1. Dezember 1918 marschierten die Amerikaner unter ihrem Kommandeur J. J. Pershing in Trier ein; im August 1919 wurden sie von den Franzosen abgelöst. Trier gehörte zu dem laut Versailler Vertrag besetzten Gebiet.

Als am 28. Juli 1929 das Luftschiff „Graf Zeppelin" die Stadt überflog, wurde es als „Symbol für ein freies, unbesetztes Deutschland" bejubelt. Ein Jahr später ging die zwölfjährige Besatzung zu Ende. Nachdem die Franzosen die Flughalle und die Zeppelinhalle auf der Eurener Flur abgerissen hatten, verließen sie zum 30. Juni 1930 (aufgrund der Erfolge der Außenpolitik Stresemanns und des Locarno-Vertrags von 1925) die Stadt. Vor dem Kurfürstlichen Palais versammelten sich daraufhin 40 000 Menschen zu einer euphorischen Befreiungsfeier. Am 6. Juli 1930 wurde am Katharinenufer ein „Kriegerehrenmal" eingeweiht. Die ehemaligen Trierer Regimenter trafen sich zu Wiedersehensfeiern. Höhepunkt dieser Tage war der Besuch des Reichspräsidenten (und seit April 1930 Ehrenbürgers der Stadt) Paul von Hindenburg am 30. Oktober 1930.

Am 30. Januar 1933 „ergriffen" die Nationalsozialisten in Deutschland die Macht; Adolf Hitler wurde zum Reichskanzler ernannt. Bereits im August 1934, nach dem Tod des Reichspräsidenten, wurde die Reichswehr auf die Person Hitlers vereidigt und Mitte März 1935 die allgemeine Wehrpflicht wieder eingeführt, bereits ein Jahr zuvor die Militärstrafjustiz.

Am 7. März 1936 ließ Hitler Truppen ins entmilitarisierte Rheinland einmarschieren. Am Bahnhof Trier-West traf das 1. Bataillon des Infanterie-Regiments 38 ein. Obwohl dies ein Bruch des Locarno-Vertrages war, entlockte das Ereignis manchem Bürger „Tränen der Begeisterung". Trier hatte „endlich seine Soldaten wieder!" (Trierische Landeszeitung, 15. 6. 1936). Bischof Bornewasser erklärte, er sehe „(...) in der Wehrmacht, wie auch in dem ehemaligen Heere, den Hort des Friedens, der Ordnung, der Zucht und echt-christlicher Gottesfurcht!" (Bollmus, S. 575). Bornewasser billigte hiermit den Vertragsbruch, er sah in der Wehrmacht einen Konservativen Gegenpol zur NSDAP. In der Trierer Einwohnerschaft versprach man sich von der Rückkehr des Militärs nicht zuletzt wirtschaftliche Vorteile.

Eine Woche später inspizierte General Dollmann vom IX. Armeekorps die neuen Trierer Truppen. Es gab schulfrei und einen Umzug durch die Stadt. Drei Tage darauf, am 16. März 1936, fand der erste „Große Zapfenstreich" vor dem Kurfürstlichen Palais statt. Der Tag begann, wie

„Trier hat seine Soldaten wieder!" (März 1936).

nun bei allen folgenden NS-Feierlichkeiten, für die Trierer mit militärischem Wecken um 6.30 Uhr. Soldaten waren wieder eine „selbstverständliche" Erscheinung im Straßenbild. Am 30. Oktober 1936 wurden die ersten Rekruten vor dem Kurfürstlichen Palais vereidigt. Die Militärdienstzeit betrug zunächst zwei Jahre. Trier war wieder eine stark belegte Garnisonsstadt. Bei den Herbstübungen 1937 wurden, obwohl inzwischen genügend Kasernen vorhanden waren, Soldaten auch privat einquartiert. Dies sollte eine engere Verbindung zwischen Soldaten und Zivilisten schaffen. Demselben Ziel diente auch der „Tag der offenen Tür" am 18./19. März 1939. An diesem „Tag der Wehrmacht" konnten die Kasernen und praktische Wehrübungen besichtigt werden.

Kriegsvorbereitung

Neben dem Truppenaufbau wurde auch sogenannte „Erziehungsarbeit" geleistet, zur ideologischen Vorbereitung und Stärkung des „Wehrwillens". Ferner wurden Schutzmaßnahmen getroffen.

1933 wurde eine Trierer Ortsgruppe des „Reichsluftschutzbundes" gegründet. Anfang Oktober 1934 stellte sie vor der Stadtsparkasse in der Simeonstraße ein „Mahnmal für die Bombenopfer des ersten Weltkrie-

„Heldengedenktag“ (Februar 1937).

Die erste Luftschutzübung (September 1934).

ges“ auf – ein Betonsockel mit großer Fliegerbombe. Später stand es auf dem Pferdemarkt. Im gleichen Zeitraum fand eine Feuerschutzwoche statt, bei der u. a. Keller und Speicher entrümpelt werden sollten. Mit einer Luftschutzausstellung setzte 1935 eine verstärkte Agitation bei der Bevölkerung ein. Die erste Luftschutzübung fand am 20. November 1936 statt, ihr Motto: „Fliegerangriff auf Trier-Süd“. Am 6. Januar 1937 erfolgte die erste Teilverdunkelung von sieben Stadtteilen und zwei Monate später die erste Verdunkelung der gesamten Stadt. Der Reichsluftschutzbund mußte allerdings mehrere Warnungen wegen unzureichender Verdunkelung aussprechen. Diese Übungen wurden bis Kriegsbeginn in bestimmten Abständen wiederholt. Im September 1936 kam die „Volksgasmaske“ mit nach Einkommen gestaffelten Preisen auf den Markt. Schulungs- und Aufklärungsvorträge mit praktischen Übungen fanden vom 17. bis 22. September statt.

Die Ankurbelung der Wirtschaft (Vierjahresplan, Kriegsfähigkeit) erhöhte die Nachfrage nach Rohstoffen. 1937 erging ein Aufruf an die Bevölkerung, rohstoffhaltiges Material abzugeben. In Trier wurden daraufhin an öffentlichen Gebäuden die Gitter entfernt, so u. a. am Rathaus und am Kaiser-Wilhelm-Denkmal auf dem Domfreihof.

Auf dem Ernährungssektor waren aufgrund der Aufrüstung ab 1937 erste Mängel bemerkbar. Die Bevölkerung sollte an den kriegsbedingten Konsumverzicht gewöhnt werden.

In sehr schnellen Bauzeiten wurden Kasernen aus- bzw. neugebaut. Die Jägerkaserne (in der Ruwerer- heute Herzogenbuscherstraße) wurde erweitert, mit einem Radiosender ausgestattet, und in Neue Gobenkaserne umbenannt. Auf dem Petrisberg entstand vom 17. Juli bis 7. Oktober 1937 die Kemmelkaserne, und ein Jahr später ein Barackenlager. Zum 1. Juli 1938 war die Neue Hornkaserne bei Nells Park fertiggestellt, mitte Februar 1939 die Kaserne in Feyen.

Im Frühjahr 1937 begannen die Arbeiten am „Westwall“, an der Grenze zu Luxemburg und Belgien. Privatgrundstücke wurden enteignet, Arbeiter dienstverpflichtet. Zur Unterbringung dienten zunächst das Konvikt und das Priesterseminar Rudolfinum (heute: Katholische Akademie), die beide hierfür beschlagnahmt wurden, sowie Säle und Gastwirtschaften. Später wurden die Arbeiter in Barackenlager verlegt.

Im Dezember 1938 veröffentlichte das „Nationalblatt“ folgende Zahlen für die Bauarbeiten: 25 000 Mann der „Organisation Todt“, 10 000 Arbeiter der Militärbehörden, 40 000 vom „Reichsarbeitsdienst“ (RAD), 5 000 LKW, Hunderte von Baggern. Vom 15. bis 21. Mai 1939 besuchte Hitler den „Westwall“ („das gigantischste Festungswerk aller Zeiten!“) und kam somit auch nach Trier. Er fuhr aber nur das linke Moselufer entlang und mied die Innenstadt des „schwarzen" Trier. Strategisch bedeutsame Straßen wurden ebenfalls in der Region angelegt, so z. B. die Hunsrückhöhenstraße. 1941 erfolgten Bunkerbauten in der Thyrsus-, Domänen-, Friedrich-Wilhelm-Straße (Barbarabunker) und auf der Weismark, sowie Felsenbunker in Pallien (bei der Kirche), in Biewer, am Trierweilerweg (für Gestapo und SD) und an der Bitburger Straße (für den Kreisleiter). 1942 folgten der Bunker in Euren (Schule) und auf dem Gelände des Rheinisch-Westfälischen Elektrizitätswerks (RWE). In Pallien (Schule), in der Markusstraße (Kirche), Kurfürstenstraße, Bitburger Straße und bei Privatpersonen wurden zusätzliche Stollen gegraben. 1943 begann der Bau des Hochbunkers mit Flachbunker am Augustinerhof. Hier waren nur Unter- und Erdgeschoß für Zivilpersonen vorgesehen, die anderen Etagen dienten zur Stationierung wichtiger Dienststellen. So befanden sich dort die Luftwarnzentrale, die Drahtfunksprechstelle, die Leitungen von Stadtverwaltung, Feuerwehr und Technischer Nothilfe sowie ein Operationsraum.

Kriegsausbruch und Kriegsverlauf

Auf der Führerkonferenz im November 1937 enthüllte Hitler vor den höchsten Offizieren der Wehrmacht seine Kriegspläne („Hoßbach-Protokoll"): „Eroberung neuen Lebensraums durch Gewalt". Am 13. März 1938 wurde Österreich „angeschlossen". Ende Mai 1938 erteilte Hitler seinen Geheimbefehl an die Wehrmacht zur „Zerschlagung der Tschechoslawakei" und nach dem kampflosen Gewinn ihres Randgebietes (Sudetenland), im Oktober den Geheimbefehl zur „Erledigung der Rest-Tschechei". Deutsche Truppen marschierten dann am 15. März 1939 in Böhmen und Mähren ein, eine Woche später im Memelgebiet. Im Mai 1939 erfolgte der Abschluß des deutsch-italienischen Militärbündnisses („Stahlpakt") und eine Woche vor dem Angriff auf Polen, am 23. August 1939, der Nichtangriffspakt mit der Sowjetunion, der im „Geheimen Zusatzprotokoll" Osteuropa zwischen Hitler und Stalin aufteilte. Nun begann ein imperialistischer Eroberungs- und Vernichtungskrieg, dessen Ziel die Kolonisierung Osteuropas war. Teile der deutschen industriellen Elite hatten dieses Gebiet seit langem als Bereich künftiger Expansion angesehen.

Schon einige Tage vor Kriegsbeginn wurden bedrohliche Veränderungen sichtbar. Am 27. August 1939 verteilte die NS-Frauenschaft Bezugsscheine für Lebensmittel an die Haushalte. Mit den Stichworten „Adventskranz" und „Beleuchtung" wurde am 30. August 1939 die Evakuierung der sogenannten „roten Zonen" A und B angeordnet. Die rote

Zone A war die Bezeichnung für die unmittelbar an der stacheldrahtbewehrten Westgrenze gelegenen Orte, die rote Zone B umfaßte die wahrscheinliche künftige Hauptkampflinie, also den „Westwall"-Gürtel. Die Stadt Trier lag hinter der Bunkerlinie und gehörte somit zur „grünen Zone". Auch hier wurde die Räumung befürchtet, am 5. September aber dementiert.
Die „Freimachung West", die vollständige Räumung der roten Zone, war bis zum 7. September abgeschlossen. Hunderte Familien mußten das Lebensnotwendigste zusammensuchen und ihre Heimat verlassen.
Da die Franzosen auch nach dem Überfall der Deutschen auf Polen am 1. September 1939 nicht offensiv reagierten, war eine Evakuierung der grünen Zone, und somit der Stadt Trier, nicht notwendig.
Trier war zu Beginn des Krieges eine Soldatenstadt, obwohl die Regimenter in den „Westwall" gezogen waren. Neue Ersatzregimenter wurden aufgestellt, Transport- und Nachschubeinheiten zogen durch die Stadt. Zivilisten waren im Straßenbild eine Minderheit. Die Hindenburg-Oberschule (heute: Hindenburg-Gymnasium) wurde für militärische Zwecke beschlagnahmt. Nach Beendigung des Feldzugs in Polen kamen noch mehr Soldaten nach Trier; Trier war eine „von Soldaten wimmelnde Frontstadt" (Zenz, Bd. 3, S. 135). Alle Kasernen, Schulen, Gaststätten und privaten Quartiere waren überbelegt, Lebensmittel wurden noch knapper als schon seit 1935, von wo an schon öfter Mangel an Fleisch- und Molkereierzeugnissen aufgetreten war.

Stammlager (Stalag) XII D auf dem Petrisberg.

Obertertianer des Friedrich-Wilhelm-Gymnasiums am Geschütz (September 1944).

Am 10. Mai 1940 begann der „Westfeldzug". Die in Trier stationierten Truppen marschierten in Luxemburg ein und rückten nach Westen vor. Verwundetentransporte trafen im Brüderkrankenhaus ein. Da der Platz nun für verwundete Soldaten benötigt wurde, wurden „Geisteskranke" weggeschafft und vermutlich irgendwo umgebracht.

Auf dem Petrisberg befand sich das Stammlager (Stalag) XII D, ein Lager für Zwangsarbeiter und Kriegsgefangene, unter denen sich auch Jean-Paul Sartre befand. Hier wurden im Verlauf des Krieges ca. 8 000 Menschen u. a. aus der Sowjetunion, Polen und Westeuropa inhaftiert. Im Dezember 1940 wurde das Klarissenkloster zum Zweck eines Gerichtshofes für Militärstrafjustiz beschlagnahmt. 1944/45 befand sich ein Kriegsgericht in der Villa Reverchon, der heutigen Zivildienstschule.

Auf dem Petrisberg und dem Grüneberg wurden auch Menschen exekutiert; Gefangene oder Menschen, die das Massentöten an der Front oder in den Konzentrationslagern nicht mehr unterstützen wollten und deshalb als „Fahnenflüchtige" ermordet wurden. Die erste Exekution in Trier erfolgte am 21. Juni 1940 auf dem Grüneberg. Zwischen dem 26. Juni 1940 und dem 30. März 1943 wurden mindestens vier Todesurteile vollstreckt. Die letzte von einem Kriegsgericht beschlossene Exekution fand am 9. Februar 1945 in einem Waldstück bei Biewer statt.

Im August 1941 wurde das Priesterseminar, das schon vorher als Lazarett benutzt worden war, enteignet. Zuvor hatten sich hier schon die „Organisation Todt" (1938) und die Luftwaffe (1940) einquartiert. Im Januar

1943 sprach die Presse zum ersten Mal vom ,,totalen Krieg" – die Heimat war nun zum Kriegsgebiet geworden. Seit März 1943 wurden Trierer Schüler eingezogen und als Luftschutzhelfer in den Kanonenstellungen der Flugabwehr (Flak) im Trierer Tal eingesetzt.
Im April 1944 gab die Partei eine Übersichtskarte für Luftlagemeldungen heraus, damit die Hörer der Radiomeldungen die ungefähre Position der anfliegenden Maschinen feststellen konnten. Ab Oktober wurde dann die Luftlage stündlich durchgegeben. Die Flugnachrichtenkompanie (FLUKO) hatte schon einige Tage vor Kriegsbeginn die Arbeit aufgenommen; sie befand sich im Kasino und bei der Post. Die Luftschutzwarnzentrale war zuständig für die Auslösung von Fliegeralarm. Im Herbst 1944 zog sie ins heutige Max-Planck-Gymnasium und gegen Kriegsende in den Hochbunker am Augustinerhof.
Flak befand sich am Anfang des Krieges auf dem Petrisberg, dem Grüneberg und auf der Ausbuchtung der Kaiser-Wilhelm-Brücke, später auf den Höhen von Heiligkreuz, Weismark, dem Markusberg, sowie in Ehrang auf dem Gelände der Firma Agrob, auf der D'ham (heute: Moselstadion) und auf dem Roscheider Hof.
Im September 1944 wurde der Flugplatz Euren aufgelöst. Von hier aus waren Einsätze der sogenannten Sturzkampfbomber (Stuka) gegen Frankreich, Me-110-Einsätze gegen England und Aktionen gegen Luxemburg gestartet worden.
Von 1941 bis 1944 lief die KLV (Kinderlandverschickung), um Kinder aus der Gefahrenzone zu bringen. Sie konnte nur gegen den Widerstand der Eltern durchgesetzt werden. Neue Pläne zur Evakuierung der Stadt Trier wurden im Mai 1942 ausgearbeitet. Trier hatte damals etwa 86 000 Einwohner, von denen 80 000 evakuiert werden sollten. Um Fluchtwege im Falle von Luftangriffen zu schaffen, wurde 1944 die ,,Brandgassenaktion" durchgeführt. Insgesamt 35 Häuser wurden abgerissen, und es entstanden die heutige Konstantin-, Stresemann- und Gangolfstraße.
Am 1. April 1943 erfolgte der erste englische Angriff auf Trier, bei dem 21 Menschen starben. Da danach wieder Ruhe einkehrte, schenkten die Trierer den Sirenen noch im Sommer 1944 kaum Beachtung. Doch es folgten schwere Angriffe, die die Stadt stark zerstörten. Am 14. August warfen amerikanische Bomber 25 Tonnen Brandbomben zwischen Innenstadt und Petrisberg ab. Vor allem der Dom und die Basilika wurden schwer beschädigt. ,,Es war ein Angriff, der Trier bis ins Herz getroffen hatte" (Zenz, Bd. 3, S. 148). Ab September 1944 fiel Trier unter amerikanischen Beschuß durch Panzer. Angriffe gehörten nun zum Alltag.
Die Evakuierung der Stadt wurde nun vorbereitet, vorgesehen war der ,,Gau" Thüringen. Die ersten Sonderzüge mit Müttern, Kindern, Alten,

Grabenstraße – links: Palaststraße, rechts: Brotstraße.

Kranken und Invaliden rollten am 25. Oktober. Einen Monat später wurde die Evakuierung mittels Fußmarsch angeordnet und am 5. Dezember die „totale Freimachung“ bekanntgegeben. Eine leere Stadt war vor allem wichtig, um hier ungestört schießen zu können. Gegen Ende des Krieges waren nur noch ungefähr 5 000 Menschen in der „Geisterstadt“ Trier; das erklärt die geringe Anzahl von Toten.

Mitte Dezember 1944 begann die letzte deutsche Offensive in den Ardennen. Trier erlitt daraufhin massive Bombardierungen. Nach den Angriffen am 19., 21. und 24. Dezember waren u. a. der Hauptmarkt mit der Steipe und viele Kirchen schwer beschädigt. Über 40 % der Bausubstanz waren nun zerstört, nur etwa 15 % der Wohnungen unbeschädigt.

Bis Februar 1945 erfolgten weitere amerikanische Angriffe, bei denen zweimal – am 21. Dezember und am 15. Januar – Napalm abgeworfen wurde (TV vom 12./13. 9. 1992). Am 20. Februar 1945 wurde der Befehl Hitlers bekanntgegeben: „Die Stadt Trier ist mit allen Mitteln zu verteidigen!... Trier bleibt frei!“

Am 1./2. März rückten die US-Truppen unter General Patton in Trier ein. Die Reste der Partei- und städtischen Dienststellen hatten zuvor die Stadt verlassen. Den Befehlen des Gauleiters und des Reichsinnenministeriums zur Vernichtung der Akten entgingen städtische Unterlagen, die nach Mastershausen im Hunsrück ausgelagert wurden. Am 5. März wurde der Direktor des Katholischen Bürgervereins, Friedrich Breitbach, Leiter der Zivilregierung. Zwei Monate nach der Unterzeichnung der deutschen Kapitulation am 8. Mai 1945 begann die französische Besatzungszeit. Im September 1946 fanden wieder Gemeindewahlen statt.

Blick aus der Palaststraße auf Dom und Liebfrauenstraße.

US-Soldaten auf der Römerbrücke.

Führerbefehl!

„Die Stadt Trier ist mit allen Mitteln zu verteidigen!"

Dieser Befehl ist eindeutig und klar. Das Wort hat nur noch die Panzerfaust. Zu reden haben jetzt nur die Waffen in unseren Fäusten. Den Blick bei Tag und Nacht zum Feind, das Herz zum Bersten voll von Wut und Haß, so sperren wir das

TOR ZUR MOSEL!

Mit einem Schrei nach Rache stemmen wir uns immer wieder gegen die **Eindringlinge!** Jede Straße wird ein **Bollwerk!** Jedes Haus eine **Festung!** So ist Trier **uneinnehmbar!** Wir Westsoldaten haben den Führerbefehl verstanden, wie die Kameraden aus dem Kurland, aus Ostpreußen u. Pommern.

Kein fremder Eindringling kommt in die Stadt und wenn wir ihn totschlagen, wenn wir ihn mit unseren Fäusten erwürgen müßten.

TRIER BLEIBT FREI!

„Führerbefehl".

„Absondern, diffamieren, entwürdigen, zerbrechen..." – Das SS-Lager Hinzert vor den Toren Triers

Nur dreißig Kilometer von der Domstadt entfernt, lag auf einer rauhen Hochfläche das SS-Lager Hinzert. Das Lager entstand als Produkt der Kriegsvorbereitung, es diente dem Terror gegen mißliebige Personen und politische Gegner aus den von der Wehrmacht besetzten Staaten und wurde erst durch die deutsche Kriegsniederlage beseitigt.

Für Hinzert gilt, was der ehemalige Häftling des KZ Buchenwald, Eugen Kogon, 1946 in seinem Buch „Der SS-Staat" über die Konzentrationslager schrieb:

„Der Hauptzweck des KZ war die Ausschaltung jedes wirklichen oder vermuteten Gegners der nationalsozialistischen Herrschaft. Absondern, diffamieren, entwürdigen, zerbrechen und vernichten – das waren die Formen, in denen der Terror in Wirksamkeit trat. Je drastischer, um so besser, je gründlicher, desto nachhaltiger." (zitiert nach: Das SS-Sonderlager Hinzert).

Die Geschichte des Lagers

1938 als Barackenlager für die Arbeiter am „Westwall" errichtet, erhielt das Lager 1939 eine neue Zweckbestimmung: Es wurde „Polizeihaftlager" für Westwallarbeiter, die sich leichter Vergehen schuldig gemacht hatten und dafür eine Strafe bis zu 14 Tagen verbüßen mußten. Das Lager Hinzert war für 400 Häftlinge ausgelegt und damit das größte von fünf Polizeihaftlagern, die alle dem Lagerkommandanten von Hinzert unterstanden. Dieser kommandierte seit 1940 auch ein besonderes „Erziehungslager" für Häftlinge, die durch die Staatspolizeistelle Trier für eine Mindestzeit von einem Vierteljahr eingewiesen wurden. Grund für die Inhaftierung waren zumeist „staatsfeindliche Äußerungen" oder Vergehen gegen die Bewirtschaftungsgesetze, also Schwarzhandel oder -schlachtung, Schiebertum oder Hamstern. Daneben gab es in Hinzert Mehrfach-Vorbestrafte und sogenannte Asoziale, d. h. Personen, die sich nach NS-Definition bestimmten (Arbeits-)Verpflichtungen entzogen hatten oder zu entziehen versuchten.

Die räumliche Trennung von Polizeihaft- und Erziehungslager wurde bald aufgehoben. Nach dem Überfall der deutschen Wehrmacht auf Frankreich im Mai 1940 wurden die Arbeiten am „Westwall" eingestellt,

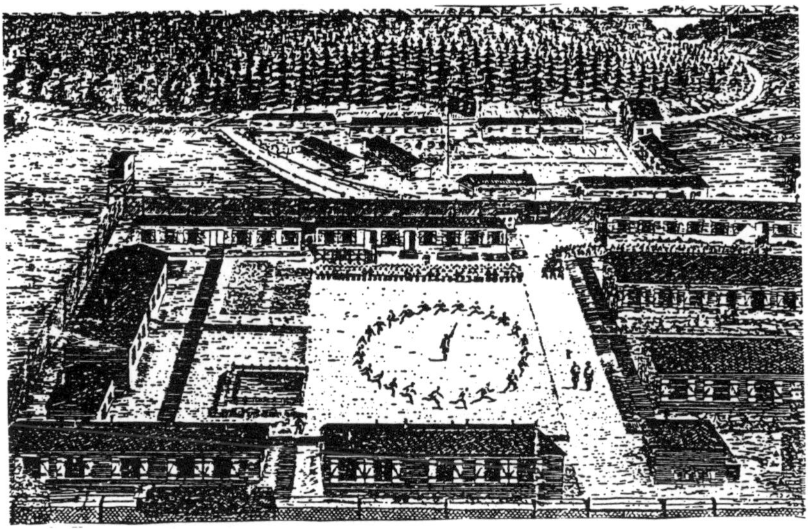

Das KZ Hinzert – Skizze eines ehemaligen Häftlings.

und die Arbeiter folgten der Front. Das Lager Hinzert wurde durch einen Erlaß des Reichsführers-SS, Heinrich Himmler, am 1. Juli 1940 dem Inspekteur der Konzentrationslager unterstellt. Die Wachmannschaften wurden in die Totenkopfverbände der Waffen-SS übernommen; das Lager erhielt die offizielle Bezeichnung „Sonderlager".

Das Lager Hinzert, in dem bis dahin vor allem säumige Westwallarbeiter einem „scharfen Drill" unterzogen worden waren, wurde nun Sonder- und Durchgangslager für Häftlinge, die in Hinzert gesammelt und verhört wurden, ehe sie die Gestapo in ein endgültiges KZ einwies: deutsche Fremdenlegionäre, die der Wehrmacht in Frankreich in die Hände gefallen waren, italienische Antifaschisten, französische, holländische und belgische Widerstandskämpfer, die Opfer der Gestapo geworden waren, Polen, die zur „Eindeutschung" vorgesehen waren, Russen und seit Mitte 1941 vor allem Luxemburger, die gegen die deutschen Besatzer Widerstand leisteten. Man schätzt deren Zahl auf etwa 1 500. Wenn die Vernehmungsaktionen beendet waren, blieben sie selten länger als sechs Monate. Dann ging der Weg weiter, zumeist nach Natzweiler, Buchenwald, Dachau. Juden, Sinti und Roma wurden in eines der großen Vernichtungslager verschleppt.

Die genaue Zahl der Häftlinge, die durch das Lager im Hunsrück gepreßt wurden, ist nicht mehr zu ermitteln; vermutlich waren es etwa 15 000. Die Belegstärke des Lagers schwankte zwischen anfangs 200 bis zu zeitweise über 1 000 Häftlingen. Ihnen standen zeitweise 200 SS-Männer gegenüber! Durch dieses Zahlenverhältnis von Opfern und Peinigern war dem individuellen Terror mehr Raum gegeben als in den größeren Lagern, da sich die Häftlinge unter ständiger Aufsicht des Wachpersonals befanden.

Ankunft im Lager

Der Luxemburger Jean Marie hat seine Ankunft in Hinzert beschrieben: ,,Über einen steinigen Weg hinauf rollt der Wagen, noch eine Minute, dann hören wir wahnsinniges Hundegeheul, biegen ab, an Stacheldraht vorbei durch ein Tor in einen Hof, schwarze Baracken ringsum. Der Wagen hält. Brüllende Stimmen, vermischt mit dem Gebell der Hunde! Die Polizisten springen ab, hinten am Wagen taucht ein schreckliches Gesicht auf, ein Brüllen ertönt: ‚Raus, seid ihr noch nicht raus, na wartet, ihr Lumpen!‘ Wir rennen durcheinander wie gejagte Hühner, Knüppel sausen auf unsere Köpfe, Rücken und Beine; wir spüren Fußtritte, Hunde springen uns an… Ich renne im Kreis, ein SS mit einem Hund jagt hinter mir her: ‚Schneller, schneller, willst du laufen, du Drecksack!‘ Der Hund springt mir auf den Rücken, ich falle zu Boden … Wir müssen uns der Größe nach aufstellen. Ein Oberscharführer tritt an Mill heran, gibt ihm eine schallende Ohrfeige und fragt: ‚Weshalb sind Sie hier?‘– ‚Wegen Zugehörigkeit zu einer illegalen Freiheitsorganisation‘, antwortet er. ‚Ein Hochverräter‘, brüllt der Gradierte, und schon stürzen sich zwei SS-Männer auf den unglücklichen Kameraden… Wir stehen stundenlang unbeweglich. Ein Platzregen geht nieder, der uns bis auf die Haut durchnäßt. Am Nachmittag müssen wir wieder laufen bis zur Atemlosigkeit.“ (Engel/Hohengarten, S. 357)

Danach bekommt jeder Häftling eine Nummer; ab diesem Zeitpunkt gilt sein Name nichts mehr. Unter andauerndem Prügeln wird erneut nach dem Haftgrund gefragt. Dann werden die Neuankömmlinge in einen anderen Raum gestoßen. ,,Unsere Fassaden sind so zugerichtet, daß wir uns fast nicht wiedererkennen; der ganze Körper schmerzt furchtbar… Dann folgen die üblichen Prozeduren: Nackt dastehen zur Rasur aller Körperhaare, Sträflingshaarschnitt, ‚Reichsautobahn‘ genannt, ‚rue de Berlin‘ von den Franzosen. [Das Haar wurde von der Stirn bis in den Nacken in einem breiten Streifen kahl geschoren; diese Prozedur wurde von den Häftlingen als besonders entwürdigend empfunden.] Wechsel von brühendheißer und eisigkalter Dusche, Sträflingskleidung.“ (ebenda)

Die Häftlingskleidung bestand aus verschlissenen Uniformstücken, auf die dicke, weiße Farbstreifen vorne und hinten und an den Hosenbeinen aufgepinselt wurden. Dicke rote Punkte über der Herzgegend und zwischen den Schultern sollten der SS das Töten erleichtern, wenn ein Häftling fliehen wollte (Schwachtgen, S. 77).

Arbeitskommandos

Hinzert war ein sogenanntes Lauflager. Alles mußte im Laufschritt geschafft werden, einfaches Gehen war lebensgefährlich. Die Häftlingsarbeit, die in der Frühzeit des KZs noch „erzieherische" Wirkung haben sollte, wurde auch für die politischen Gefangenen beibehalten. Sie war in Wirklichkeit Strafe, Drill, Entwürdigung und langsamer Tod. Gearbeitet wurde von 7 bis 12 und von 13 bis 18 Uhr, samstags von 7 bis 16 Uhr und am Sonntagmorgen. Im Innendienst wurden u. a. im Auftrag der Gusterather Firma Romika Gummiringe für Tellerminen hergestellt, andere fertigten Überschuhe aus Stroh für die Soldaten an der Ostfront. Lagerneulinge wurden zumeist auf den Holzplatz gejagt, wo sie täglich zehn Stunden lang mit stumpfem Werkzeug Wurzelstöcke zersägen und spalten mußten. Anschließend mußten die Holzstücke im Laufschritt in schwerbeladenen Kästen zum Stapelplatz getragen werden.

Häftlingskleidung mit Markierungen.

Nicht weniger hart war die Arbeit in den Außenkommandos: Häftlinge wurden von dem Förster in Königsfeld vor den Pflug gespannt und mußten das Feld beackern, andere entwässerten Wiesen beim Bau des Autobahnabschnittes bei Wittlich, entfernten Drahtverhaue entlang der Saarlinie Ockfen-Saarburg-Merzig, verlegten Wasserleitungsrohre am Erbeskopf, hoben Brandlöschweiher in Trier aus, entluden Waggons in Hermeskeil und arbeiteten in der Gum-

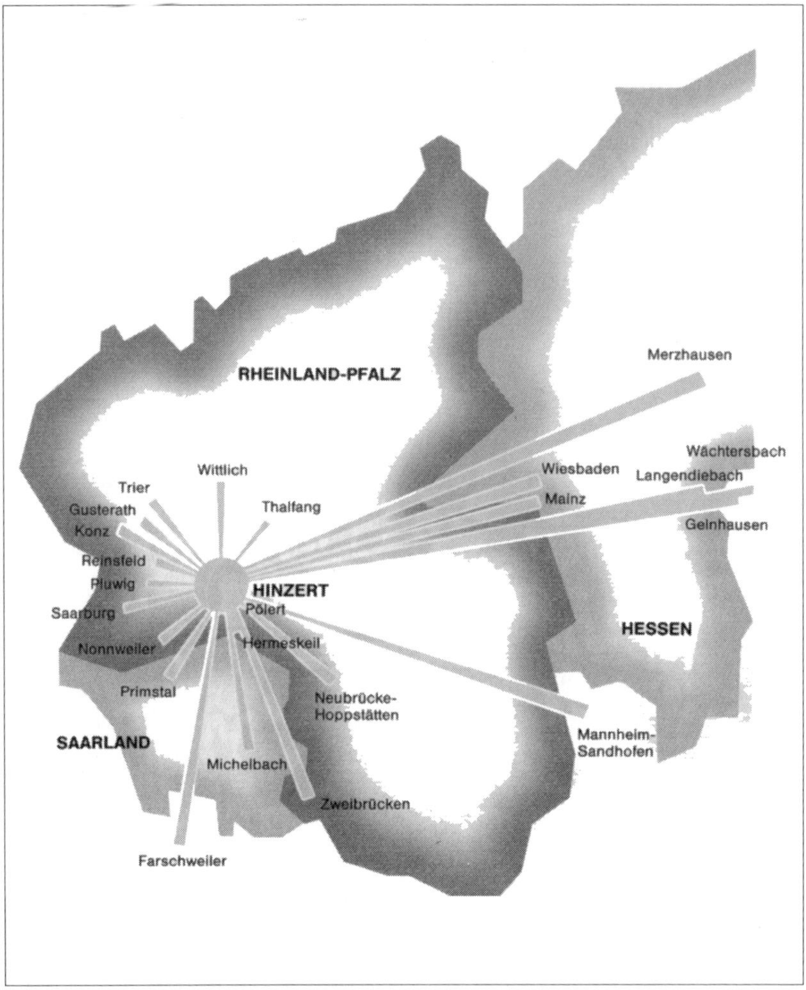

SS-Sonderlager Hinzert und Außenlager.

mifabrik Romika in Gusterath. Dort bekamen die Häftlinge zwar ein Mittagessen in der Kantine, erhielten aber anders als die normalen Arbeiter keine Mittel gegen die hochgiftigen Benzoldämpfe. Bei einem Brand im Reinsfelder Sägewerk Hammerstein mußten Häftlinge aus Hinzert mit bloßen Händen die brennenden und schwelenden Eisenbahnschwellen anfassen und auf ihre Schultern laden. Besonders gefürchtet war das „Wagenkommando“: Zwanzig Häftlinge mußten einen tonnenschwer mit Steinen, Kohlen oder Wurzelstöcken beladenen Wagen fünfmal am

Tag jeweils zehn Kilometer weit ziehen. Die SS-Posten steigerten zuweilen die Qual, indem sie bergan die Wagenbremsen anzogen, bergab die Bremsen lockerten. Dabei gerieten einmal Häftlinge unter die Räder und wurden schwer verletzt. Eugen Kogon schrieb über die Arbeit in den Außenkommandos:
„Die Arbeitskommandos waren ausnahmslos schwer und lagen fast alle außerhalb des Lagers. Als Beispiel sei das Kommando Pluwig beschrieben: Die Häftlinge mußten im Laufschritt zum Bahnhof Reinsfeld, der 4 km entfernt war, rennen, von da ging es mit der Bahn nach Pluwig, von dort zu Fuß, meist steil bergauf, nach Pellingen. Es war schwerste Erdarbeit zu leisten, bei der die SS genauestens darüber wachte, daß keine Arbeitspausen entstanden. Als Nahrung erhielten die Gefangenen am Vormittag ein Stück Brot, am Mittag eine Suppe aus Kornschrot und Rübenblättern. Ähnlich war es in den Kommandos Thalfang und Nonnweiler. Jeden Abend zogen die Kolonnen beim Einrücken einen kleinen Wagen hinter sich her, auf dem zusammengeschlagene Kameraden lagen; vor der Revierbaracke wurde er von einem Blockführer umgekippt, so daß die Kranken auf den Boden fielen." (Kogon, S. 254).
Schwäche und Krankheit waren lebensgefährlich. Überliefert ist der Spruch des SS-Untersturmführers Schneider: „Hier gibt es nur Gesunde oder Tote, ihr könnt wählen." Der Lagersanitäter war ein gelernter Maurer. Kranke mußten oft mit hohem Fieber in Kälte und Durchzug warten oder standen nackt auf dem Gang, bis sie zur Untersuchung hereingelassen wurden. Im Frühjahr 1943 schlug der Lagerälteste Eugen Wipf – selbst Häftling – auf ruhrkranke Häftlinge ein und zwang sie, längere Zeit unter der Dusche mit eiskaltem Wasser zu stehen. Die Mißhandelten starben innerhalb kürzester Zeit.

Die Schreckensherrschaft der SS

Die Verbrechen in Hinzert sind vor allem mit dem Namen Paul Sporrenberg verbunden. SS-Hauptsturmführer Sporrenberg wurde im April 1942 Lagerkommandant und blieb es bis zum Januar 1945. Unter seinem grausamen Regime

- „mußten Häftlinge, wie Tiere angespannt, im Laufschritt und unter Stockhieben schwere Lasten schleppen;
- wurden Häftlinge im Brunnentrog der Waschküche ertränkt;
- wurden Inhaftierte mit dem Kopf in heißen Kaffee oder Tee getaucht, bis sie ertranken;
- wurde einem Gefangenen ein Wasserschlauch in den Mund gesteckt und der Hahn so lange aufgedreht, bis der unglückliche Mann erstickt war;

Die KZ-Kommandanten von Hinzert (von links): Hermann Pister, Egon Zill, Paul Sporrenberg.

- wurde ein Häftling vor den angetretenen Lagerinsassen durch einen Pistolenschuß getötet;
- wurde ein Häftling an den auf den Rücken gefesselten Armen aufgehängt, so daß er an den erlittenen Brustkorbverletzungen starb;
- mußten Häftlinge tagelang bei bitterer Kälte draußen stramm stehen, bis sie tot umfielen;
- mußten Gefangene nackt im Lagerhof stehen, wobei sie mit kaltem Wasser begossen wurden, bis sie erfroren waren." (Der ehemalige Häftling Aloyse Raths bei seiner Ansprache in Hinzert 1981, zitiert nach: Klopp, Hinzert, S. 19).
- schlug ein SS-Mann einem vierzehnjährigen russischen Jungen, der bei einem Fluchtversuch aufgegriffen worden war, einen Nagel in die Stirn (ebenda, S. 63).

Massenhinrichtungen

Im Oktober 1941 wurden etwa siebzig sowjetische Kriegsgefangene aus dem Gefangenenlager Baumholder bei anbrechender Dunkelheit nach Hinzert gebracht. Als politische Kommissare der Roten Armee waren sie nach einem Führerbefehl Hitlers vom Juni 1941 sofort nach ihrer Gefangennahme umzubringen. An den siebzig Russen wurde dieser Befehl in Hinzert vollstreckt: Unter dem Vorwand einer ärztlichen Untersuchung mußten sie sich ausziehen und wurden dem Lagerarzt Dr. Wolter vorgeführt. Der Arzt tötete jeden einzelnen durch eine Spritze mit Zyankali. Die Leichen wurden auf Lastwagen geladen und in einem Massengrab außerhalb des Lagers verscharrt. Zuvor hatte der SS-Mann Schaaf, der von den Häftlingen wegen seiner Brutalität „Iwan der Schreckliche"

BEKANNTMACHUNG!

DAS STANDGERICHT

hat wegen Gefährdung des deutschen Aufbauwerkes in Luxemburg durch aufrührerischen Streik im Kriege folgende Personen zum Tode verurteilt:

KONS, Nikolaus Johann, Postunterinspektor, Luxemburg
MEIERS, Karl, Lehrer, Wilz
EWEN, Josef, Lehrer, Wilz
BRÜCK, Alfred, Lehrer, Wilz
LOMMEL, Cölestin, Lehrer, Wilz
WEETS, Alfons, Dreher, Differdingen
SCHNEIDER, Johann Peter, Werkzeugschlosser, Differdingen
TOUSSAINT, Ernst, Tiefofenarbeiter, Differdingen
BETZ, Nikolaus, Werkzeugschlosser, Kahler

Die Urteile wurden heute um 4.30 Uhr durch Erschiessen vollstreckt.

Luxemburg, den 3. September 1942.

Der Vorsitzer des Standgerichts.

genannt wurde, diejenigen, die noch Lebenszeichen von sich gaben, mit einem Hammer erschlagen. In den ersten Septembertagen des Jahres 1942 wurden zwanzig Luxemburger in einem Waldstück nördlich des Lagers erschossen. Sie waren nach dem Generalstreik vom 30. August 1942, mit dem die Luxemburger auf die Einberufungsbescheide zur deutschen Wehrmacht reagiert hatten, von Standgerichten zum Tode verurteilt worden. Am 25. Februar 1944 wurden weitere 23 Mitglieder von Luxemburger Widerstandsgruppen auf einer Waldlichtung nordwestlich des Lagers hingerichtet: Je sechs Mann mußten angekettet an das offene Massengrab treten, wo sie vor den Augen der Kameraden, die danach an die Reihe kamen, erschossen wurden.

Zivilcourage

In diesem Klima der Angst und des Terrors waren die Gefangenen für die wenigen Lichtblicke, die es in ihrem Lagerdasein gab, um so dankbarer. Die Bewohner der umliegenden Dörfer, denen die Häftlinge auf ihrem Weg vom Lager zu den Arbeitskommandos begegneten, verhielten sich – aus Angst oder Gleichgültigkeit – vorwiegend teilnahmslos. Desto mehr beeindruckte die Häftlinge eine Episode, von der Fernand Schwachtgen berichtet hat:

„Eines Tages ging es wieder über Pölert mit einem überbeladenen schweren Wagen. Wir hielten einige Meter vor der Kapelle, oberhalb des steilen Hanges. Da kam gemessenen Schrittes ein alter, in Schwarz gekleideter Herr mit grauem Vollbart und dunklem Ministerhut den Berg herauf. ‚Warten' hieß es, ‚bis der Alte oben ist.' Der alte Herr stieg rüstig herauf. Vor dem kleinen Gotteshaus zog er ehrerbietig den Hut. Und es verschlug uns fast den Atem, als er, auf unserer Höhe angekommen, wieder den Hut zog, mit großem Schwunge unseren zerlumpten Häftlingshaufen grüßend. ‚Guten Tag, meine Herren!' sagte er, dies laut und deutlich. ‚Guten Tag!' antworteten wir. Die SS zeigte sich überrascht, verdutzt. Bedenken Sie, ‚Herren' hatte er gesagt zu uns zerlumpten Häftlingen, die nur mit der Nummer angeredet wurden. Im Lager wurde damals am Abend lange über diesen mutigen Herrn geredet. Es war gegen Ende des Monats Mai 1944." (Schwachtgen, S. 189).

Das Krankenhaus der Franziskanerinnen in Hermeskeil wurde für die Häftlinge – nach den Worten von Marcel Engel und André Hohengarten – „zu einer wundersamen Oase auf dem Weg durch die Hinzerter Wüste, sei es zum Überleben oder zum Sterben." (Engel/Hohengarten, S. 412). Hier standen in einer Sonderabteilung 22 Betten für Schwerkranke zur Verfügung – sofern die SS sie dorthin einwies. Vor allem Schwester

„Lausappell".

Ernesta Gilles galt bei den Häftlingen als „Hort der Güte und Nächstenliebe". Doch auch sie konnte nicht verhindern, daß im Februar 1944 sogar zwei todkranke Häftlinge aus den Krankenbetten zum Erschießungsplatz gebracht wurden (ebenda, S. 597, Fußnote 8).

Trierer Dienststellen und Hinzert

Die Trierer Region und Trierer Dienststellen waren auf vielfache Weise in die Verbrechen in Luxemburg und Hinzert verwickelt.

So kamen die Truppen der Wehrmacht, die Luxemburg am 10. Mai 1940 überfielen und besetzten, aus Trierer Bereitstellungsräumen. Chef der Zivilverwaltung Luxemburgs wurde der Gauleiter von Koblenz-Trier, Gustav Simon. Einen Tag später folgte die SS mit dem Leiter der Staatspolizei-Stelle Trier, SS-Sturmbahnführer und Oberregierungsrat Wilhelm Nölle. Als Chef der Trierer Gestapo führte er – wie seine Nachfolger – das „Einsatzkommando der Sicherheitspolizei und des SD in Luxemburg" (EKL), das als Werkzeug für die Niederschlagung des nationalen Widerstands eingesetzt wurde und über 22 000 Luxemburger auf ihre politische Zuverlässigkeit überprüfte. Die Trierer Gestapo und das Grenzpolizeikommissariat Trier stellten auch den größten Teil des

Fritz Hartmann, Trierer Gestapochef von März 1941 bis April 1943.

EKL-Personals. In den frühen Morgenstunden des 31. August 1942 wurden 250 Trierer Polizisten aus ihrer Unterkunft in der Thyrsusstraße in Trier nach Luxemburg beordert, um in Ettelbrück zusammen mit einer Truppe von SA und SS den Streik gegen die Einführung der Wehrpflicht niederzuschlagen. Mit gezogenem Revolver griffen sie wahllos Bürger aus der Menge und nahmen sie fest.

Fritz Hartmann, der Nachfolger Nölles als Trierer Gestapo-Chef, galt neben Gauleiter Simon und dem Landesleiter der kollaborierenden „Volksdeutschen Bewegung", Kratzenberg, als einer der in Luxemburg meistgehaßten Menschen. Hartmann war es, der Jagd auf die Luxemburger Résistance machte und die Verhafteten nach Hinzert bringen ließ. Leiter des berüchtigten Vernehmungskommandos im Lager war SS-Obersturmführer Albert Schmidt, Kommissar bei der Gestapo in Trier. Hartmann und Schmidt gehörten dem Standgericht an, das in den ersten Septembertagen des Jahres 1942 die zwanzig Streikführer „wegen Gefährdung des deutschen Aufbauwerkes in Luxemburg" zum Tod verurteilte. Sie wurden in Hinzert erschossen.

Das SS-Sonderlager Hinzert unterstand in wirtschaftlicher Hinsicht der Abteilung I der Staatspolizeistelle Trier, deren Leiter Polizeirat Waldemar Strohmeyer war. Von März 1940 bis September 1944 bestand in Trier ein Hinzerter Außenkommando für die Oberbauleitung Trier II der „Organisation Todt". Ein anderes Kommando wurde im gleichen Jahr für den Sicherungsstab Trier, der in Pallien, Im Martinerfeld 61, seinen Sitz hatte, eingerichtet. Auch die Festungsdienststelle Trier hatte seit November 1943 bis Frühjahr 1944 ein eigenes Arbeitskommando. Polnische Häftlinge aus Hinzert mußten in der Nähe des Trierer Doms Brandlöschweiher anlegen. Das Trierer Gefängnis in der Windstraße wurde zum Durchgangsort für französische, italienische und Luxemburger Häftlinge auf dem Weg ins Hunsrücklager. Wegen subversiver Tätigkeit wurde Ende Oktober/Anfang November 1944 eine etwa 50köpfige Gruppe polnischer Häftlinge aus dem Staatslager (Stalag) XII D auf dem Trierer Petrisberg ins SS-Sonderlager Hinzert verlegt.

Das Ende

Im Januar 1945 wurde Lagerkommandant Sporrenberg nach Buchenwald versetzt. Hinzert wurde in das weitverzweigte Netz der Außenlager des KZ Buchenwalds übernommen und die letzten etwa 800 Häftlinge dorthin in Marsch gesetzt. In Hessen wurden sie schließlich von den anrückenden Amerikanern befreit. Erst die Niederlage der Deutschen im Krieg machte dem Leiden der Hinzerter Häftlinge somit ein Ende.

Wenigstens 302 Menschen sind in Hinzert und seinen Nebenlagern erschossen, erschlagen, erstickt, durch Einspritzung, Bluthunde, Erschöpfung, Erfrieren und auf sonstige Weise getötet worden. Der jüngste, der Russe Iwan Maksimenko, war 17 Jahre alt, der älteste, der Franzose Prosper Aury, 77. In Hinzert starben u. a. 82 Luxemburger, 70 Russen, 58 Franzosen, 41 Polen, 18 Belgier und zehn Deutsche. Wenn Hinzert auch formell kein „Vernichtungslager" im Sinne der SS oder Gestapo gewesen ist, so unterscheiden sich die Handlungen entfesselter Unmenschlichkeit nur wenig von den Verbrechen, die in Dachau, Buchenwald oder Auschwitz begangen wurden. Am Ende stand hier wie dort für viele Betroffene der Tod. Den Überlebenden blieb die Erinnerung an Hinzert in ihren Albträumen wach.

Die Gedenkstätte Hinzert liegt im Hochwald, etwa 8 km nordwestlich von Hermeskeil (Landkreis Trier-Saarburg).

Anfahrt:

Mit dem Auto: Von Trier aus die B 52 in Richtung Hermeskeil, Abfahrt Hinzert-Pölert.

Mit dem Bus: Bahnbus von Trier Hauptbahnhof Richtung Hermeskeil, Haltestelle Hinzert Wasserwerk, von dort ca. 3 Minuten Fußweg.

Kontakt:

Förderverein Dokumentations- und Begegnungsstätte ehemaliges KZ Hinzert e. V., z. Hd. Dieter Burgard, Schulstraße 22, 54516 Wittlich.

Nach 1945: Der Umgang mit dem Nazi-Erbe

Die Täter: Schuld ohne Sühne?

Vor dem Einmarsch der Amerikaner waren die noch in Trier verbliebenen Nazi-Führer geflohen. Niedere Nazi-Schergen oder Mitläufer, die die Alliierten ermitteln konnten, wurden im ehemaligen Kriegsgefangenenlanger auf dem Petrisberg interniert. Prominentere NS-Angehörige kamen nach Diez an der Lahn. Im Eckhaus Hauptmarkt/Jakobstraße nahmen zwei sogenannte „Spruchkammern" ihre Arbeit auf, die für die „Entnazifizierung" der Trierer verantwortlich waren. Als Widerstandskämpfer gegen das Nazi-Regime waren in den Spruchkammern auch Kommunisten als Ankläger vertreten, unter ihnen Willi Torgau. Da sie nur gegen „kleine Fische" ermitteln durften, legten sie bald ihr Amt nieder. Was geschah mit den Großen?

Der Gauleiter von Koblenz-Trier und Chef der Zivilen Besatzungsverwaltung des Großherzogtums Luxemburg, Gustav Simon, hielt sich nach dem Krieg als Gärtner versteckt. Durch die Observierung seines Sohnes wurde er im Dezember 1945 bei Paderborn aufgespürt und verhaftet. Noch bevor er in Luxemburg vor Gericht gestellt werden konnte, erhängte er sich in seiner Zelle. Seine Leiche wurde nach Luxemburg überführt und an unbekanntem Ort vergraben. Sein Bruder Paul, Gauinspekteur der NSDAP für den Regierungsbezirk Trier, Hauptschriftleiter des „Nationalblattes", später stellvertretender Gauleiter des Gaues Pommern und SS-General (Obergruppenführer), wurde nach dem Krieg verhaftet und in einem Lager interniert. Beim zweiten Fluchtversuch wurde er erschossen.

Der Kreisleiter der Stadt Trier, Albert Müller, erlebte das Kriegsende an der Front in der Kampfgruppe Magdeburg der Armee Wenk. Mit dieser wurde Müller von den Amerikanern an der Elbe gefangengenommen und an die Rote Armee ausgeliefert. Auf dem Marsch nach Osten beteiligte er sich nicht an einem Fluchtversuch seiner Kameraden Wipper und Urmes, dem früheren Propagandaleiter des Gaues Moselland. Müller tauchte nie mehr auf. Er gilt als verschollen.

Der Trierer Gestapo-Chef Hartmann wurde vom Luxemburger Staatsgerichtshof im Rahmen der sogenannten Gestapo- und Sondergerichtsprozesse mit sechs Komplizen zum Tode verurteilt. Hingerichtet wurde niemand. Die Todesstrafe für Hartmann wurde in lebenslängliche Haft

umgewandelt, dann auf 15 Jahre herabgesetzt; schließlich wurde er nach 11 Jahren verbüßter Haft freigelassen.
Von den Hinzerter Lagerkommandanten wurde nur Egon Zill verurteilt: zu 15 Jahren Gefängnis. Sein Vorgänger Pister starb in Untersuchungshaft. Sporrenberg lebte lange Zeit unbehelligt in Mönchengladbach. Erst 1960 (!) wurde gegen ihn Haftbefehl erlassen. Sporrenberg war von März bis September 1960 in Trier inhaftiert; er wurde aber wegen einer rasch fortschreitenden Arteriosklerose-Erkrankung nicht mehr vor Gericht gestellt und starb 1961.
In dem Hinzert-Prozeß von 1948 vor dem Hohen Gericht der französischen Besatzungszone in Rastatt wurden vier Mitglieder des Wachpersonals zum Tode verurteilt und hingerichtet, zwei mit lebenslänglichem Zuchthaus, drei weitere mit langjährigen Haftstrafen belegt.
Anderen machte die deutsche Justiz den Prozeß. Die höchste Strafe erhielt der SS-Scharführer Scharf, von den Häftlingen in Hinzert „Iwan der Schreckliche" genannt. Er wurde zu zehn Jahren Haft verurteilt und verübte im Gefängnis Selbstmord. Wegen Beihilfe zum Mord wurden zwei weitere Wächter zu fünf und zwei Jahren Haft verurteilt.
Ganz anders das Schicksal der „Täter in Robe": Mancher kam ungeschoren davon und beendete seine Laufbahn in ehrenwerter Position an deutschen Gerichten. Eberhard Klopp zieht das traurige Fazit: „Keinem anderen Kriminellen in unserer Gesellschaft wiederfuhr solch nachsichtige Milde." (Klopp, Hinzert, 1983, S. 75).

Die Opfer

14 (nach anderen Quellen: 20) Juden kehrten aus den Vernichtungslagern heim. Jeder erhielt von der Stadt zur Begrüßung 100 Mark und zehn Flaschen Wein. Die Stadt besorgte auch das notwendige Mobiliar für die ersten Wohnungen.
Dr. Heinz Kahn, der das KZ Auschwitz überlebt hatte, war Gründer und Vorsteher der sich neu bildenden Gemeinde, der einzigen im Trierer Land. Da die geschändete Synagoge 1944 durch Bombenabwürfe völlig zerstört worden war, versammelte sich die kleine Gemeinde anfangs in einem Haus in der Petrusstraße zum Gottesdienst. Erst 1956 konnte die neue Synagoge eingeweiht werden, die aus Mitteln des Bundes, des Landes und der Stadt finanziert worden war. Die Frauen gründeten einen Frauenverein, der sich einmal im Monat im Gemeindessaal der Synagoge trifft. Durch den Zuzug jüdischer Aussiedler aus der früheren Sowjetunion ist die Gemeinde inzwischen wieder auf etwa 100 Mitglieder angewachsen.

„Ehrenfriedhof" Hinzert

Für das Volk von Luxemburg, das um die meisten Opfer des SS-Sonderlagers trauerte, wurde Hinzert zu einem nationalen Denkmal des Leidens unter der deutschen NS-Herrschaft. Der ehemalige Häftling und spätere Hofmarschall des Großherzogs, Christian Calmes, nannte Hinzert einmal im negativen Sinn „die Schule unseres kleinen Volkes". Einstige Häftlinge errichteten im Oktober 1945 in Hinzert ein großes Holzkreuz. Es wurde 1946 mit den sterblichen Überresten der luxemburgischen Opfern nach Luxemburg gebracht. 1948 wurde auf Betreiben des Beurener Pfarrers eine Sühnekapelle errichtet. Erst 1972 und 1979 wurden Gedenksteine für die im Hinzerter Wald ermordeten Luxemburger aufgestellt, 1982 wurde eine Gedenktafel eingeweiht. Eberhard Klopp, der Autor des Standardwerkes über Hinzert, schrieb 1983:

„Das ehemalige SS-Sonderlager Hinzert fristet auf den Hunsrückhöhen bei Hermeskeil als sogenannter ‚Ehrenfriedhof' eine schamhaft gepflegte und diskrete Existenz. Im Bewußtsein der Bevölkerung von Trier und Umgebung spielt es als Symbol für den nationalsozialistischen Unrechtsstaat keine Rolle." (Klopp, Hinzert, S. 5).

Wenn Hinzert in dieser Zeit nicht ganz in Vergessenheit geriet, so ist das vor allem das Verdienst von Jungsozialisten, Katholischer Studierender Jugend und DGB, die die Erinnerung an das Geschehen in Hinzert wachhielten und zu Gedenkveranstaltungen einluden. Erst später stellte sich auch die Trierer Bezirksregierung diesem Erbe. Die Bezeichnung „Ehrenfriedhof" wurde inzwischen durch „Gedenkstätte" ersetzt. Am 11. Oktober 1986 wurde ein Mahnmal des Luxemburger Künstlers und ehemaligen Häftlings Lucien Wercollier enthüllt. Das Monument stellt in abstrakter Form drei gebeugt stehende Häftlinge dar. Die Figuren neigen sich zur Mitte und bilden eine schützende Wölbung über einer Feuerschale. Auf dem runden Granitsockel befindet sich in deutscher und lateinischer Fassung die Inschrift. „Durchdrungen von Menschlichkeit, Frieden und Gerechtigkeit". Doch Gedenksteine und Mahnmale ersetzen keine Information. Die schön gepflegte Anlage in Hinzert läßt wenig Raum für die Vorstellung, daß hier ein Ort unsäglicher Qualen und brutalen Tötens gewesen ist. Immerhin arbeitet die Landesregierung von Rheinland-Pfalz derzeit an einer Gedenkstättenkonzeption für die ehemaligen KZs Osthofen und Hinzert.

Trierer Organisationen und Einzelpersonen haben 1989 einen Förderverein mit dem Ziel gegründet, auf oder bei dem Gelände des ehemaligen SS-Sonderlagers eine „Dokumentations- und Begegnungsstätte" zu errichten, damit die Erinnerung an die Verbrechen von damals zum Wegweiser in eine humanere Zukunft wird.

Amtliches Gedenken

Zwei Jahre nach Kriegsende, 1947, beschäftigte sich die Stadtverwaltung erstmals mit dem Plan, den Opfern des Nationalsozialismus ein Denkmal zu setzen. Den Wettbewerb um die Gestaltung des Denkmals gewann 1948 der Bildhauer Michael Trierweiler. Seine Skulptur zeigt eine zusammengesunkene nackte Menschengestalt, einen Sterbenden, der sich noch einmal aufzurichten versucht, dem es aber nur gelingt, sich mit Armen und Beinen aufzustützen. Die Skulptur sollte im November 1950 auf dem Hauptfriedhof enthüllt werden, doch das Vorhaben geriet zum Skandal: Trierer Bürger protestierten heftig gegen das Denkmal, das sie als doppelt anstößig empfanden – zum einen, weil die Skulptur nackt sei. So wurde der Künstler gezwungen, das Denkmal tiefer zu stellen, das Friedhofsamt sollte es mit Büschen weitgehend abschirmen. Obwohl das Mahnmal am Nebeneingang des Friedhofs – An der Hospitalsmühle – ohnehin kaum auffällt, beriet man, es dort zu entfernen und auf dem Palastplatz aufzustellen.
Anstößig war aber nicht nur die „Körperlichkeit der Skulptur“: Man wollte nicht mehr nur den Opfern des Nationalsozialismus gedenken! Gleichzeitig müsse man – so die Meinung der damals regierenden CDU – an die gegenwärtigen Opfer des „nicht weniger brutalen stalinistischen Systems“ (Zenz, S. 25) erinnern. Es war die Zeit der Berlin-Blockade (Mai 1949), des Überfalls von „Rotchina“ auf Tibet und der Invasion nordkoreanischer Truppen in Südkorea. Am 27. Oktober 1950, Schlag zwölf Uhr, ruhte in Trier der Verkehr: Zwei Minuten lang gedachten die Menschen still der deutschen Kriegsgefangenen und Zwangsinternierten in der Sowjetunion.
In diesem Klima entschloß sich Oberbürgermeister Raskin (CDU) zur Abänderung der vom Stadtrat festgelegten Inschrift. Statt „Den Opfern der Gewaltherrschaft 1933–1945“, blieb nun das zweite Jahresdatum offen! Soll heißen, „die“ Gewaltherrschaft dauert fort – ein typisches Verdrängungsmuster bis heute: Rechte Barbarei darf nur dann beim Namen genannt werden, wenn linke Verbrechen im selben Atemzug zu Gehör gebracht werden. Die SPD-Fraktion protestierte entschieden, aber ohne Erfolg.
Trotz dieser Nach„besserung“ blieb fast das gesamte offizielle Trier der Einweihungsfeier fern. Der „Trierische Volksfreund“ berichtete am 27. 11. 1950: „Unbeachtet von der großen Öffentlichkeit, gedachte ge-

stern nur ein kleiner Kreis von Menschen der Opfer der Gewaltherrschaft Hitlers..." Mit Ausnahme der KPD war keine Partei anwesend, Vertreter der Behörden und Korporationen fehlten, nicht ein einziger Musik- oder Gesangverein war bereit, den Festakt mitzugestalten! Und so beschäftigten sich denn auch die Ansprachen der Festredner mehr mit dem Kommunismus als mit dem Nationalsozialismus. Oberbürgermeister Dr. Raskin (CDU) erklärte: „Die Vorgänge im Osten beweisen, daß die Gewaltherrschaft in der Welt noch immer nicht zu Ende gegangen ist." Neben der berechtigten Empörung über stalinistische Verbrechen diente der Hinweis auf die „Vorgänge im Osten" auch dazu, die „Vorgänge im Westen", die nur wenige Jahre zurücklagen, bequem zu übertünchen. Erst 1955 – nach der Rückkehr der letzten Kriegsgefangenen aus der Sowjetunion – wurde die zweite Jahreszahl eingesetzt: „bis 1945".

Auch das sowjetische Ehrenmal auf dem Hauptfriedhof paßte schlecht in die politische Landschaft dieser Zeit. 1950 ordnete die Sowjetische Militärmission an, daß auf allen deutschen Friedhöfen, auf denen russische Soldaten begraben sind, Gedenksteine aufzustellen seien. Aus der „Ostzone" wurde ein Gedenkstein angeliefert, der eine Inschrift in kyrillischer Schrift trägt: „Hier (sind) begraben 612 sowjetische Bürger. Umgekommen in faschistischer Sklaverei. Ewiger Ruhm den Kämpfern für die Freiheit. 4. März 1950." Tatsächlich sind hier 612 Frauen und Männer beigesetzt, die als Zwangsarbeiterinnen bzw. Kriegsgefangene im Trierer Land in der Landwirtschaft, in Gewerbe und Industrie arbeiten mußten und vor Kriegsende starben. Daneben sind weitere 187 Soldaten des zaristischen Rußlands begraben, die als Kriegsgefangene des Ersten Weltkriegs in Lagern in und um Trier starben.

1987 regte die Friedhofsverwaltung aufgrund zahlreicher Nachfragen an, eine Inschrift an dem Gedenkstein anbringen zu lassen. Den Vorschlag der Grünen, eine wörtliche Übersetzung der vorhandenen Inschrift anzufertigen, lehnte die Stadt mit dem Hinweis ab, daß diese Kriegstoten nicht als Opfer des Faschismus gestorben seien. Der Vorschlag aus dem Städtischen Friedhofsamt – „Hier ruhen 816 russische Kriegstote der beiden Weltkriege. Den Toten zur Ehre – den Lebenden zur Mahnung" – fand auch nicht das Gehör des Stadtvorstands. Der entschied, daß statt einer Inschrift auf dem russischen Stein sämtliche „Kriegsehrenfelder" aller Kriegsopfer – also auch der Deutschen – auf den Plänen an den Friedhofseingängen farbig markiert werden sollten. Der Kommentar eines städtischen Angestellten: „eine bedauerliche Null-Lösung"...

Als Reaktion darauf lud das „Friedensforum christlicher Gruppen" unter dem Motto „Erinnern und Versöhnen" am Volkstrauertag 1987 zu einer Gedenkfeier an den russischen Kriegsgräbern ein und erinnerte an die

Situation sowjetischer Kriegsgefangener und Zwangsarbeiterinnen in Trier und im Deutschen Reich.
Weniger umstritten war das Gedenken an die jüdischen Opfer. 1954 ließ die jüdische Kultusgemeinde in Trier auf ihrem Friedhofsteil – ebenfalls im Eingangsbereich An der Hospitalsmühle – durch den Trierer Steinmetz Melchisedech ein Denkmal errichten. Es trägt den Davidsstern als Glaubenssymbol und folgende Inschrift: „Den Opfern der Verfolgung aus Trier und Umgebung zum Gedenken. Den Lebenden zur Mahnung. 1933–1945." Auf der Rückseite steht in Hebräisch: „Zum Gedenken an die während der Herrschaft der verbrecherischen Bosheit Ermordeten aus der Heiligen Gemeinde von Trier und Umgebung. Das ganze Volk soll hören und sehen und soll nicht mehr in Zukunft Böses üben." Der Vorsitzende der jüdischen Kultusgemeinde, ein Überlebender von Auschwitz, Erich Süßkind, sagte bei der Feier, der Gedenkstein solle ein „Denkmal gegen die Trägheit der Herzen und der Kunst des Vergessens sein und eine Aufforderung zu Besinnung und Einkehr". Der Dortmunder Oberrabiner Dr. Holzer, der das Denkmal einweihte, wies vor den diesmal zahlreich erschienenen Vertretern des Trierer öffentlichen Lebens auf die jahrtausendealten jüdischen Gemeinden im Trierer Land hin, die über Jahrhunderte hindurch Verfolgungen ausgesetzt waren. Er sagte: „Wir wollen nicht anklagen, denn Klagen führen zu nichts, aber wir wollen Taten sehen, und die Umbildung der Herzen und Geister soll die Auswirkung dieser Stunde sein."
1964 beschloß der Stadtrat, ein Gefallenendenkmal auf dem Hauptfriedhof errichten zu lassen. Das Denkmal, das am 14. November 1965 eingeweiht wurde, trägt die Inschrift „Den Toten der beiden Weltkriege 1914–1918/1939–1945" und besteht aus drei großen Kreuzen, die – nach den Worten des Bildhauers Zimmer – an das Leiden Christi auf Golgotha erinnern sollen und kleinen Kreuzen, die an Soldatenfriedhöfe gemahnen. In seiner Ansprache wies Oberbürgermeister Harnisch (CDU) darauf hin, daß fast 2 000 gefallene oder (sic!) gestorbene deutsche Soldaten und etwa 850 Angehörige anderer Völker ihre letzte Ruhestätte gefunden hätten. Das Gedenken an die Opfer des deutschen Volkes umfasse auch das Gedenken an die Opfer anderer Völker. Weitere „Ehrenmale" wurden 1971 in Trier-Feyen (inzwischen auf den Südfriedhof verlagert), 1978 auf dem Hauptfriedhof und 1987 in Trier-Irsch errichtet.
Erst seit dem Ende der siebziger Jahre wandten sich die politisch Verantwortlichen der nationalsozialistischen Epoche der Stadtgeschichte mit größerer Aufmerksamkeit zu:
Als SPD-Stadtratsmitglied Christoph Grimm im April 1979 anregte, Stadtvorstand und Stadtrat sollten sich ausdrücklich von der Ehrenbür-

gerschaft Hitlers und Rusts distanzieren, traf dies auf heftigen Widerstand von CDU und veröffentlichter Meinung. Die Aberkennung sei überflüssig, da die Verleihung der Ehrenbürgerwürde erstens durch erpresserischen Druck zustande gekommen sei und zweitens Hitler die Würde durch seine Verbrechen verwirkt habe. Drittens sei ein solcher Beschluß geradezu schädlich, da eine so späte Korrektur den falschen Eindruck erwecken könne, die Stadt habe für diesen Beschluß 34 Jahre gebraucht... ein Argument, das andere Stadträte wie die in Dortmund, Hagen oder Lüdenscheid nicht von einer förmlichen Aberkennung abhielt.

Anlaß für Turbulenzen bildete zwei Jahre später der Antrag der SPD-Stadtratsfraktion, die Hindenburgstraße in Synagogenstraße umzubenennen. Während Ratsmitglied Eberhard Klopp darin „eine längst fällige, eindeutige und klare Distanzierung zu vordemokratischen Wertvorstellungen mit ihren katastrophalen Folgen für unser Land und unsere Nachbarn" sah, stieß dieses Ansinnen bei der CDU-Ratsfraktion auf Unverständnis. Ein Sprecher der Fraktion wertete den Antrag namens der CDU als „zeitgemäße Marotte" und als Ausdruck des „Waschzwangs" der Deutschen. Als ein Ratsmitglied (CDU) seinem Kollegen (SPD) vorhielt, er fühle sich bei dessen Vorgehen an den Stil des nationalsozialistischen „Stürmers" erinnert, ohne dafür vom Oberbürgermeister gerügt zu werden, verließ die SPD-Fraktion unter lautem Protest den Rathaussaal. Ein in Trier bis dahin einmaliges Ereignis.

Unproblematischer war und ist das ehrende Gedenken an die jüdischen Mitbürger. So nahm der Stadtvorstand den 100. Geburtstag des letzten Trierer Rabbiners, Dr. Adolf Altmann, zum Anlaß, um am 12. September 1979 zu einer Gedenkstunde in den Großen Rathaussaal einzuladen. Oberbürgermeister Dr. Wagner (CDU) würdigte den Rabbiner, der in Auschwitz umgebracht wurde, als einen bedeutenden Bürger Triers und schloß mit der Feststellung: „Wir sind stolz darauf, daß er hier gewirkt hat." Wagner sprach vom großen Ansehen des Rabbiners in der Stadt und von der großen Wertschätzung, die ihm bedeutende Persönlichkeiten Triers entgegenbrachten. Der Oberbürgermeister schloß: „Gewiß ist es so, daß die große Mehrheit unserer Mitbürger in jenen Jahren mit dem, was geschehen ist, nicht einverstanden waren. Das dürfen wir sagen, und das zu sagen sind wir denen, die damals lebten und schon erwachsen waren, auch schuldig."

Die Feier endete mit einer Rede von Professor Alexander Altmann, einem der drei überlebenden Söhne des Rabbiners, der sich anschließend in das Goldene Buch der Stadt eintragen durfte. Ein Jahr später wurde ihm für seine wissenschaftlichen Verdienste um die Philosophie der erste

Ehrendoktorhut der Universität Trier verliehen. An der Feier zu Ehren des letzten Trierer Rabbiners nahmen auch zwei frühere jüdische Mitbürgerinnen teil. Sie gehörten zu einer ersten Gruppe von fünf ehemaligen Mitbürgern, die Trier in der Zeit des Nationalsozialismus verließen und von der Stadt in ihre alte Heimatstadt eingeladen wurden. Das Einladungsprogramm wurde in den folgenden Jahren fortgesetzt.

1983 – fünfzig Jahre nach der sogenannten Machtergreifung – zeigten Stadtarchiv und Stadtbibliothek die Ausstellung „Trier und der Nationalsozialismus. Die Machtergreifung in einer rheinischen Stadt“. Die Ausstellung war Bestandteil der 2000-Jahr-Feiern der Stadt Trier, erschien im offiziellen Festprogramm und wurde vor allem von Schulklassen besucht.

Ebenfalls im Rahmen der Jubiläumsfeiern – wenn auch erst am 7. November 1985 – wurde eine von Franz Schönberger geschaffene Stele an der Stelle der zerstörten Synagoge am Zuckerberg errichtet. Sie trägt die Inschrift: „An dieser Stelle stand die Synagoge der jüdischen Gemeinde der Stadt Trier, erbaut 1859, zerstört am 9. November 1938 durch die Nationalsozialisten. Die Stadt Trier 1984.“ In der Stele eingeschlossen ist eine Liste mit den Namen aller jüdischen Einwohner, die im November 1938 in Trier lebten. Der Liste vorangestellt ist ein Text, der die Inschrift der Stele und folgende Sätze enthält: „Die Bürgerschaft der Stadt Trier gedenkt im Jahre des zweitausendsten Stadtjubiläums der Opfer nationalsozialistischer Gewaltherrschaft und der Zerstörung jüdischen Kulturgutes. Die Namen der jüdischen Mitbürger, die im Jahre 1938 in unserer Stadt lebten, sollen an alle Juden erinnern, die unter der Verfolgung des Nationalsozialismus litten. Die Stadt Trier, 1984, Felix Zimmermann, Oberbürgermeister.“

1988 beging die Stadt den fünfzigsten Jahrestag der sogenannten Reichskristallnacht. Stadtarchiv und Stadtbibliothek zeigten von März bis November 1988 eine Dokumentation zur Geschichte der Juden in Trier. An der Stele zum Gedenken an die jüdische Gemeinde fand auf Initiative der Trierer „Gesellschaft für christlich-jüdische Zusammenarbeit“ eine Dauermahnwache statt, an der sich zahlreiche Trierer Parteien, Organisationen und Bürger beteiligten.

Am 1. März 1989 wurde ein Mahnmal im Eingangsbereich der Deutschen Richterakademie in Trier, Berliner Allee 7, eingeweiht – zum Gedenken an die Tausende Opfer der NS-Justiz. Die Skulptur der Bildhauerin Gabriele Marwede besteht aus einem Bronzekopf mit verborgenen Augen – als „Zeichen für die Abwesenheit von Recht unter der Willkür und dem Machtmißbrauch Hitlers“ und einem Fallbeil, das an der Basis des Sockels liegt. Die Inschrift lautet: „Zum Gedenken an die

Frauen und Männer, denen im Namen des deutschen Volkes Unrecht geschah. 1933–1945." Das Denkmal für die Opfer der NS-Justiz wurde nicht von den Justizbehörden angeregt, sondern von Überlebenden des deutschen Widerstands. Immerhin fand der zur Einweihung angereiste Bundesjustizminister Engelhard deutliche Worte: ,,Es waren Juristen, die den Schein der Rechtsstaatlichkeit aufrechterhielten, die bestehendes Recht in nationalsozialistischem Sinne auslegten und schließlich als Teil der Vernichtungsmaschinerie gegen politische Gegner und rassische Minderheiten wirkten." (Faltblatt der Deutschen Richterakademie Trier, o. J.) Es gelte, die dunkelste Zeit deutscher Justiz zu erinnern und über versäumte Sühne nachzudenken.

Am 20. Juli 1992 wurde der alte jüdische Friedhof in Trier verwüstet, vierzig Grabsteine wurden umgeworfen und gingen teilweise zu Bruch. Pfarrer Mathieu, in dessen Gemeinde der Friedhof liegt, äußerte öffentlich seine Beschämung über die Friedhofsschändung und erhielt eine Morddrohung. Am 19. August 1993 wurde der Friedhof erneut geschändet.

Am fünfzigsten Jahrestag der Deportation der letzten Trierer Juden in die KZs, an Pfingsten 1993, sollten auf Anregung des Jugendkomitees der Trierer Gesellschaft für christlich-jüdische Zusammenarbeit, Gedenktafeln an den Gebäuden angebracht werden, in denen die Juden zusammengetrieben worden waren: dem ehemaligen Gefängnis in der Windstraße und dem Nachbarhaus des früheren Bischof-Korum-Hauses. Ein ähnlicher Vorschlag war bereits 1985 vom ,,Friedensforum christlicher Gruppen" gemacht worden. Die Grünen griffen nun den Vorschlag auf und brachten ihn im Stadtrat ein. Der Antrag wurde einstimmig angenommen. Am 28. November 1993 wurde an der Seitenwand des Hauses Fetzenreich eine Tafel mit folgendem Text enthüllt: ,,An der Stelle des ehemaligen – von den Nationalsozialisten beschlagnahmten – Bischof-Korum-Hauses gedenkt die Trierer Bürgerschaft der mehr als 400 jüdischen Frauen, Männer und Kinder, die in den Jahren 1941 bis 1943 hier und im ehemaligen Gefängnis in der Windstraße zusammengetrieben wurden. Vor hier aus wurden sie in die Konzentrationslager deportiert, in denen sie fast ohne Ausnahme ermordet wurden. Die Stadt Trier 1993."

Der Vorsitzende der jüdischen Gemeinde in Trier, Gerd Voremberg, schlug in seiner Ansprache eine Brücke zur Gegenwart und verwies auf brennende Ausländerheime und neonazistische Umtriebe. Ein Teil der Bevölkerung habe leider nichts hinzugelernt. ,,Dasselbe passive Verhalten wie in den Jahren 1933 bis 1945". Eine Gedenktafel habe nur dann eine wirkliche Bedeutung, wenn sie das geschehene Unrecht ins Bewußtsein der heute lebenden Menschen einbringe und sie motiviert, mit

Zivilcourage für Mitbürger einzutreten, die als Ausländer, Farbige oder wegen ihrer Religion angefeindet werden. Jeder einzelne könne dazu beitragen, daß sich gleiches oder ähnliches wie bei dem barbarischen Geschichtsabschnitt der Nazizeit nicht wiederhole.
Am 6. 12. 1995 ehrte die Stadt mit Hans Eiden auch einen kommunistischen Widerstandskämpfer gegen die Nazi-Diktatur, dessen Andenken bis dahin nur die Grünen mit der Stiftung eines Preises gepflegt hatten. Am ehemaligen Ort seines Geburtshauses in der Engelstraße – gegenüber dem Haus Nr. 25 – wurde eine Gedenktafel mit Porträt und Schriftzug enthüllt, die der Trierer Bildhauer Franz Schönberger angefertigt hat. Bürgermeister Dr. Jürgen Grabbe betonte in seiner Rede, die kommunistische Überzeugung Eidens habe die objektive Auseinandersetzung mit seinem Leben erschwert. „Die Enthüllung stellt so auch einen Akt der Wiedergutmachung der Stadt für ihren mutigen Bürger dar."
Über fünfzig Jahre nach dem Ende der Nazi-Diktatur ist die Erinnerung an diese Zeit keinesfalls abgeschlossen. Im Gegenteil: Jede Generation wird ihre Form des Erinnerns finden müssen. In diesem Sinne hat Bundespräsident Roman Herzog 1996 den 27. Januar zum alljährlichen Gedenktag für die Opfer der NS-Zeit erklärt. In Trier beging die Arbeitsgemeinschaft Frieden e. V. diesen Tag mit der Präsentation einer Aufstellung zum ehemaligen SS-Sonderlager / KZ Hinzert und einem Rundgang zu Stätten der NS-Zeit in Trier.

Straßennamen mit Bezug zur NS-Zeit

(Benennungsjahr in Klammern)

Dr. Altmann-Straße (1958)	Dr. Adolf Altmann (1879–1944), letzter Trierer Oberrabbiner
An der alten Synagoge (1982)	1859 erbaut, 1938 von den Nazis verwüstet, 1944 durch Bomben zerstört
Andreas-Hoevel-Straße (1964)	Widerstandskämpfer (1900–1942), am 28.August 1942 hingerichtet
Bonhoefferstraße (1962)	Dietrich Bonhoeffer (1906–1945), evangelischer Pfarrer, führendes Mitglied der Bekennenden Kirche, am 9.April 1945 im KZ Flossenbürg ermordet
Bornewasserstraße (1951)	Erzbischof Franz Rudolf Bornewasser (1866–1951), Trierer Ehrenbürger
Friedlandstraße (1958)	Lager bei Göttingen für Rußlandheimkehrer des II. Weltkriegs
Gertrud-Schloß-Straße (1990)	(1899–1942?), Dr.phil., Trierer Journalistin, Jüdin, Sozialdemokratin und Pazifistin
Geschwister-Scholl-Straße (1951)	Hans und Sophie Scholl (1918 und 1921–1943), Widerstandskämpfer/in („Weiße Rose"), am 22. Februar 1943 hingerichtet
Heinrich-Weitz-Straße (1963)	(1890–1962), Trierer Oberbürgermeister (Zentrum) 1927–1933, später CDU-Landespolitiker und Präsident des Deutschen Roten Kreuzes, Ehrenbürger
Hindenburgstraße	Paul von Beneckendorff und von Hindenburg (1847–1934), Heerführer und Generalfeldmarschall des Ersten Weltkriegs, Reichspräsident 1925–1934, Ehrenbürger
Paul-Schneider-Straße	(1897–1939), evangelischer Pfarrer der Bekennenden Kirche auf dem Hunsrück, im KZ Buchenwald ermordet
Stauffenbergstraße (1959)	Claus Schenk Graf von Stauffenberg (1907–1944), Offizier, verübte am 20. Juli 1944 ein Attentat auf Hitler, wurde am selben Tag hingerichtet
Wilhelm-Leuschner-Straße (1958)	(1890–1944), Politiker und Gewerkschaftsführer, Mitglied der Widerstandsbewegung, wurde nach dem dem Attentat am 20. Juli 1944 hingerichtet

Dr. Adolf Altmann

Am 1. August 1920 wird Dr. Adolf Altmann einstimmig zum Oberrabiner in Trier gewählt und am 7. Oktober 1920 in sein Amt eingeführt. Er wohnt Am Zuckerberg 16. Als Oberrabiner ist er nicht nur für die ca. 800 Juden in der Stadt, sondern auch für die im ganzen Bezirk zuständig. Zeitgenossen schildern ihn als glänzenden Redner, als Vorbild für Charakterstärke und Pflichterfüllung, sowie als geistigen Orientierungspunkt seiner Gemeinde. Daneben ist er ein fruchtbarer Schriftsteller und Historiker.

Altmann nimmt regen Anteil am gesellschaftlichen Leben der Stadt. Er ist ein eifriges Mitglied der Schuldeputation und gerngesehener Gast bei festlichen Veranstaltungen der Stadt, aber auch von kulturellen und patriotischen Organisationen. Ein Foto aus dem Jahr 1930 zeigt ihn beim Bankett für Reichspräsident Hindenburg. Ebenso wie sein Vorgänger Dr. Bassfreund freundschaftliche Beziehungen zum damaligen Bischof Korum unterhielt, ist Dr. Altmann mit Bischof Bornewasser befreundet.

Als die Verhältnisse in Trier immer unerträglicher werden, entschließen sich die Altmanns im März 1938 schweren Herzens, die Stadt und das Land zu verlassen. Die Altmanns fliehen nach Holland. Doch auch dort holt die Gestapo sie ein: Im September 1943, wenige Wochen nach Vollendung seines 64. Geburtstags, wird Adolf Altmann mit seiner Familie gefangengenommen und im KZ Westerbork in Holland interniert. Von dort werden sie im Februar 1944 ins KZ Theresienstadt verschleppt, im Mai 1944 nach Auschwitz. Ein Überlebender berichtete, daß Adolf Altmann bis zuletzt mit Aufbietung aller Kräfte über Themen der Bibel und der Philosophie sprach. Was er in Auschwitz erlebte, tat seinen Überzeugungen keinen Abbruch. Sein Glaube war zu tief, um sich durch das Grauen entwurzeln zu lassen.

Adolf Altmann, der letzte Oberrabiner Triers, stirbt nach wenigen Wochen, ausgemergelt von Hunger und Entkräftung. Seine Frau Malvine, ihr jüngster Sohn, Dr. Wilhelm Altmann, ihre Tochter Hilde und ihr Mann werden im Juli 1944 in der Gaskammer umgebracht.

Dr. Franz Rudolf Bornewasser

Fast dreißig Jahre – von 1922 bis 1951 – war Bornewasser Bischof von Trier. In diese Zeit fielen Geldentwertung und Massenarbeitslosigkeit, Kampf um die Ruhr und um die Saar, NS-Diktatur, Krieg und Wiederaufbau.

Am 12. März 1866 als eins von acht Kindern im oberbergischen Radevormwald geboren, wächst Bornewasser in der Zeit des Kulturkampfes auf – einer Zeit offenen Kampfes zwischen der preußischen Regierung und der katholischen Kirche. 1922 wird er vom Trierer Domkapitel einstimmig zum Nachfolger des verstorbenen Felix Korum (Bischof von 1881 bis 1921) gewählt. Es trifft Bornewasser „fast wie ein Schlag"…

Wie sein Vorgänger setzt sich auch Bornewasser energisch für die Zugehörigkeit des französisch besetzten Saargebiets zum Deutschen Reich ein – auch nach 1933. „Nicht wegen, sondern trotz der Nationalsozialisten", wie sein damaliger Geheimsekretär später schrieb. Die Nationalsozialisten wußten jedoch sehr wohl um den Anteil Bornewassers am Ausgang der Saarabstimmung, bei der sich im Januar 1935 eine überwältigende Mehrheit der Stimmberechtigten für die Rückkehr zum Reich entschieden hatte: In Parteizeitungen wie dem „Trierer Nationalblatt" oder dem „Westdeutschen Beobachter" gratulieren sie dem Bischof im März 1936 zum 70. Geburtstag und verweisen auf seine patriotische Haltung in der Saarfrage.

Zum Konflikt kommt es mit dem Trierer Bischof angesichts der nationalsozialistischen Übergriffe gegen die katholische Kirche. In einer Predigt aus Anlaß einer Wallfahrt nach Aachen am 21.7.1937 geht Bornewasser in die Offensive: *„Auf dem schwarzen Rock sieht man jedes Stäubchen, aber es gibt andere Trachten und Uniformen, auf denen man ganze Dreckhaufen nicht sieht."* (Thomas, S.311). Darauf brechen die Massen in der überfüllten Kirche in einen Beifallssturm aus.

Bornewasser – ein „Fels im Sturm" in der Zeit des Nationalsozialismus, der „allen Anstürmen gegen den Gottesglauben und die Lebensrechte der Kirche unerschütterlich widerstand" (Albert Heintz)? Sicher war er einer der mutigsten und profiliertesten deutschen Bischöfe in seinem Einsatz gegen die „Euthanasie" und vor allem für die Freiheit der Kirche. Nicht zuletzt deshalb zeichnete Papst Pius XII. den Trierer Bischof 1944 mit dem persönlichen Ehrentitel eines Erzbischofs aus.

Aber Bischof Bornewasser hat auch geschwiegen: Zum Antisemitismus der Nazis und zur Judenverfolgung – trotz seiner persönlichen Freundschaft zum

Trierer Oberrabbiner Dr. Altmann; zur Verfolgung von politisch Andersdenkenden; zu KZs wie Hinzert.

Als die Wehrmacht in der Sowjetunion einmarschiert, sieht Bornewasser darin den Kampf gegen „ein auf den Grundlehren des deutschen Juden Karl Marx fußendes Lehrsystem" und erklärt, „unser tapferes Heer... kämpft, die militärisch-machtmäßige Herrschaft des Bolschewismus zurückzudrängen und hoffentlich zu ersticken."

Bischof Bornewasser verteidigte in erster Linie die Interessen der Kirche. Nicht weniger. Nicht mehr. Er starb am 20. Dezember 1951 in Trier.

Hans Eiden

Im September 1939 stehen dreißig politische Häftlinge vor der Kleiderkammer des Strafgefängnisses Wittlich. Sie sollen ihre Zivilkleider in Empfang nehmen, denn sie werden in das Konzentrationslager Buchenwald bei Weimar überführt. Unter ihnen ist Hans Eiden, KPD-Mitglied, von Beruf Dreher, seit 1932 politischer Stützpunktleiter des „Kampfbundes gegen den Faschismus" in Trier-Nord. Vom 1. März bis 17. Mai 1933 war Eiden bereits in „Schutzhaft" genommen worden, im Dezember 1936 gemeinsam mit Willi und Aurelia Torgau und weiteren 34 zumeist kommunistischen Angehörigen einer Trierer Widerstandsgruppe wegen „Vorbereitung zum Hochverrat" zu mehreren Jahren Zuchthaus verurteilt worden. 1939 ist seine Haftzeit eigentlich zuende. Doch wie viele andere Verfolgte wird Eiden sofort wieder verhaftet und ohne Gerichtsurteil in ein KZ verschleppt. In Buchenwald erhalten die Häftlinge Nummern, die fortan an die Stelle ihres Namens treten. Eiden wird zur Nummer 6222. Im KZ erfährt er, daß es eine illegale Lagerorganisation gibt, die vor allem von Kommunisten getragen wird. Dieser Geheimorganisation gelingt es trotz des Spitzelapparats der SS, Mithäftlinge vor der Ermordung zu retten und Waffen aus den Rüstungswerken ins Lager zu schmuggeln.

Ende 1944 wird Hans Eiden „Lagerältester I". Nun hat er die Gesamtverantwortung für die Ordnung im Lager und wendet seine ganze List an, um bei der SS kleine Verbesserungen im Lager durchzusetzen.

Im April 1945, als die Amerikaner immer näherrücken, kommt es zur Konfrontation: Als die SS-Lagerleitung alle Juden zum Abmarsch ans Tor befiehlt, gibt die illegale Organisation die Losung aus, daß niemand das Lager verlassen soll. Der größte Teil der Juden wird von Kameraden in den Blocks für Nichtjuden versteckt. 4.600 können gerettet werden.

Als am 11. April die ersten amerikanischen Panzer auftauchen, gibt die Leitung der illegalen Lagerorganisation die Waffen frei und befiehlt den Sturm auf die SS. 220 SS-Leute werden gefangengenommen, einige werden getötet, die anderen fliehen. Eiden verhindert, daß die gefangenen SS-Schergen gelyncht werden. Tief bewegt verkündet er über den Lager-Lautsprecher: „Kameraden! Die Faschisten sind geflohen. Ein internationales Lagerkomitee hat die Macht übernommen!" 21.000 Insassen des KZs sind gerettet und frei.

Hans Eiden kehrt nach Trier zurück. Er wird Erster Sekretär des KPD-Kreisvorstandes und arbeitet bis September 1946 als kommunaler Beirat für die KPD. Als Abgeordneter zieht er 1947 in den rheinland-pfälzischen Landtag. Ein Jahr später wird er wegen angeblicher Kontakte seiner Lebensgefährtin, Margareta Straubing, zum französischen Geheimdienst aus der Partei ausgeschlossen.

Hans Eiden stirbt, noch nicht fünfzig Jahre alt, am 6. Dezember 1950, an den Spätfolgen der KZ-Haft. In der Todesanzeige im „Trierischen Volksfreund" heißt es: „Er war es, dessen besonnener Mut, dessen unbeugsame Entschlossenheit viele Zehntausende von Buchenwald-Häftlingen ihr Leben verdanken."

Theodor Groppe

„90 Jahre – von Trier bis Trier." Auf diesen kurzen Nenner brachte es Ernst Jünger, als Generalleutnant a. D. Theodor Groppe 1973 in seiner Heimatstadt starb. Bekannt wurde Groppe als der „Schwarze General".

Theodor Groppe wird am 16. August 1882 in Trier geboren. Er besucht das Friedrich-Wilhelm-Gymnasium und fühlt sich schon bald zum Soldaten berufen. Unverwüstlich sein Einsatz im Ersten Weltkrieg, für den er mit der höchsten preußischen Kriegsauszeichnung, dem Orden „Pour le mérite", dekoriert wird.

Nach Ende des Krieges und der Ausrufung der Republik bricht für Groppe eine Welt zusammen: Seine geliebte Monarchie ist beseitigt, der Kaiser im Exil. Aus Liebe zu seinem „unglücklichen Vaterland" bleibt er Offizier und wirbt für die Deutsch-Nationale Volkspartei. Die NSDAP wird schnell auf den katholischen General aufmerksam und läßt ihn in der Truppe bespitzeln. Der Stellvertreter des „Führers", Rudolf Heß, zeigt ihn beim Kriegsministerium an – wegen seiner religiösen

Haltung und weil keines seiner drei Kinder Mitglied in einer NS-Jugendorganisation ist.

Der Krieg verhindert die vorgesehene Verabschiedung aus der Armee. Groppe wird Kommandeur einer Infanteriedivision am Westwall, seine Truppen liegen zwischen Merzig und Dillingen. Der General läßt Kelche, Kreuze, Heiligenfiguren und Meßgewänder aus gefährdeten Kirchen sicherstellen und dem Bischof in Trier übergeben. Groppe ministriert (als General!) bei Feldgottesdiensten und ordnet an, daß die Gottesdienstzeiten in den Divisionsbefehl übernommen und verlesen werden. Den Gauleiter der NSDAP im Saarland, Bürckel, weist Groppe durch Feldgendarmen aus seinem Stabsquartier; zum katholischen Feldbischof unterhält er ein sehr gespanntes Verhältnis. Am 12. Dezember 1939 unterrichtet man Groppe über Pläne des zuständigen Kreisleiters, in Nalbach eine „spontane Volkserhebung" gegen die ortsansässigen Juden zu veranstalten. Groppe reagiert prompt und befiehlt seinen Männern: „Ausschreitungen gegen die jüdische Bevölkerung sind, wenn notwendig, mit Waffengewalt, zu verhindern." Der Pogrom in Nalbach fällt aus.

Im gleichen Monat trifft ein Befehl des „Reichsführers-SS", Himmler, ein, der die Männer von SS und Polizei anweist, das deutsche Blut durch die Zeugung möglichst vieler Kinder aufzufrischen – egal ob ehelich oder nicht. Groppe spricht öffentlich von „Schweinerei" und verspricht, die Ehre der Frauen dagegen zu verteidigen, daß sie zum Freiwild für die SS und die Polizei werden. Damit ist Groppe in den Augen der Machthaber endgültig zu weit gegangen. Himmler veranlaßt, daß der „katholische Hund" als Divisionskommandeur abgelöst wird und ohne Pensionsanspruch aus der Wehrmacht ausscheiden muß. Groppe entgeht nur knapp einem Prozeß vor dem Volksgerichtshof, d.h. dem sicheren Tod, doch Himmler ordnet seine sofortige Verhaftung an. Kurz vor Kriegsende wird er durch französische Truppen befreit.

1955 kehrt er wieder nach Trier zurück. Er wird Vorsitzender der Deutsch-Französischen Gesellschaft und führt den Verband deutscher Soldaten im Kreis Trier. Am 28.April 1973 stirbt Theodor Groppe. Der katholische Militärbischof Hengsbach nennt ihn einen „Ritter ohne Fehl und Tadel".

Karl Loch

Als die Bewohner der Jesuitenstraße am Morgen des 30. März 1936 vor die Tür treten, trauen sie ihren Augen nicht. Quer über die gesamte Front des Eckhauses zur Weberbach steht mit roter Farbe gepinselt: „99,9% für Adolf Hitler – ohne Stimme Loch!"

Die Schmiererei gilt Karl Loch, 22 Jahre alt, Sohn aus gutkatholischer Familie, der wie alle anderen Familienmitglieder bei der Heilig-Rock-Wallfahrt 1933 als freiwilliger Helfer aktiv war und auch sonst enge Verbindungen zur Kirche unterhält. Daß die Nazis ihn „auf dem Kicker haben", hängt mit einem Vorfall zusammen, der sich ein Jahr zuvor ereignet hatte:

Antonius Mönch war der Sohn einer Frau, die aus einer jüdischen Familie stammte und mit 15 Jahren Katholikin geworden war. Nach der abstrusen NS-Rassentheorie war er damit „Halbjude" – eine kuriose Bezeichnung, denn Mönch war seit 1915 Weihbischof von Trier. Mönch, der schon zu Lebzeiten ein Opfer von Nazi-Schmähungen war, wurde auch nach seinem Tod im Februar 1935 zum Anlaß für eine Auseinandersetzung mit den Nationalsozialisten. Als sich am Morgen des 18. Februar die Trauergäste in der Domkurie Windstraße 4 einfanden, waren sie schockiert über den Kranz des Regierungspräsidenten, der mit einer Hakenkreuzschleife drapiert war. Der Kranz war von einem Gärtner vor allen anderen so aufgestellt worden, daß das rote Band mit dem Hakenkreuz nicht zu übersehen war. Karl Loch ging auf den Kranz zu und schlug das Hakenkreuzband kurzerhand nach hinten um. Nicht für lange. Ein hinzukommender Gärtner legte das Band wieder nach vorn.

Es kam zu einem Wortwechsel, die Schleife wurde erneut zurückgesteckt. Nachdem sich Loch entfernt hatte, zog der Gärtner es wieder hervor. Als Loch feststellte, daß die Schleife wieder so gelegt worden war, daß das Hakenkreuz gesehen werden konnte, wurde er wütend, nahm den Kranz und warf ihn mit einer energischen Handbewegung und den Worten: „So, jetzt kommt er ganz weg" hinter einen Baum...

Am nächsten Tag ging eine Gärtnerin zur Gestapo und zeigte Karl Loch an. Er wurde vor Gericht gestellt und wegen Vergehens gegen §134a (Beschimpfung und Verächtlichmachung der Reichsflagge) zu drei Monaten Gefängnis und Zahlung der Gerichtskosten verurteilt. Anfang Dezember 1935 trat Karl Loch seine Gefängnisstrafe in der Strafanstalt Wittlich an – davon ein Monat in Einzelhaft als „politischer Krimineller". Auch nach der Haft hörten Vernehmungen und Durchsuchungen nicht auf, wobei die Gestapo ihm mehrfach erfolglos antrug, Spitzeldienste zu leisten. Obwohl Karl Loch bei den Nazis einschlägig bekannt war, stellte er sich und sein Auto auf Bitte des Generalvikars für geheime nächtliche Kurierfahrten für die Kirche zur Verfügung.

Karl Loch wurde am ersten Kriegstag eingezogen und im Juni 1945 aus amerikanischer Gefangenschaft entlassen.

Dr. Reinhold Lofy

Geboren am 8. April 1922 in Graach an der Mosel. Seit 1931 in Trier-West. Dort ist er in der katholischen Jugend als St.Georgs-Pfadfinder und Meßdiener aktiv. Lofy verteilt Hirtenbriefe und andere Rundschreiben und bleibt trotz Anfeindungen Pfadfinder und Meßdiener. Seine berufliche Entwicklung wird durch die Tätigkeit in der katholischen Jugendbewegung stark beeinträchtigt. 1941 Einberufung zum Reichsarbeitsdienst. Dort wird er aufgrund seiner einmal geäußerten Bitte, in die Kirche gehen zu dürfen, vom Lagerführer fortwährend angepöbelt. 1941 Einberufung zur Wehrmacht und Einsatz an der Ostfront. 1942 In Woronesh verweigert Lofy den Befehl, einen alten Russen zu erschießen. Er erklärt, dies als Christ nicht tun zu können. Trotzdem wird er zur Offiziersschule nach Posen geschickt und im April 1943 zum Leutnant befördert. Vor einer angetretenen Kompanie spricht Lofy 1944 über die Ermordung der Juden, KZs, Kriegs- und Naziverbrechen und erklärt, die Landser würden im Interesse der „Goldfasane" (gemeint sind die Parteibonzen mit goldenen Kragenspiegeln) verheizt.

Lofy wird angezeigt und verhaftet. Im Prozeß vor dem Feldkriegsgericht fordert der Divisionskommandeur die Todesstrafe wegen Zersetzung der Wehrkraft als abschreckendes Beispiel. Lofy wird in das Wehrmachtsgefängnis Rawa-Ruska gebracht, wo er in Einzel- und Dunkelhaft eingeschlossen wird. Die Behandlung ist so erniedrigend, daß viele Häftlinge innerhalb kurzer Zeit psychischen Schaden nehmen.

Schließlich Verlegung in die Wehrmachtsgefängnisse Tarnow und Germersheim am Rhein. In den letzten Januartagen 1945 treffen die Urteilsumwandlungen und –bestätigungen ein. Für Lofy lautet das Urteil: 6 Jahre Gefängnis, Ehr- und Rangverlust, Aussetzung der Strafe durch Überstellung ins Strafbataillon BB 500 in den Osten. Dort besteht der Alltag aus schlechtem Essen und schikanöser Behandlung. Im April 1945 wird das Strafbataillon an der gefährlichsten Frontstelle eingesetzt, kontrolliert von SS-Leuten, die dafür sorgen, daß sich niemand rückwärts absetzen kann. Am 19. April wird Reinhold Lofy von einem russischen Panzer angeschossen. Sein linker Arm ist zerfetzt, ein großer Splitter ist in den Rücken eingedrungen, seine Sehkraft ist durch Splitter und Schmutz beeinträchtigt.

Er schleppt sich schwer verwundet zur Sanitätsstelle, wo er als Angehöriger eines Strafbataillons nur notdürftig verbunden und lange Zeit liegen gelassen wird. Nur durch die Intervention eines Offiziers wird Lofy schließlich ins Lazarett abtransportiert. Am 8.Mai 1945 erreicht die Rote Armee das Lazarett. Nach Verhören und listenmässiger Erfassung werden die Verwundeten mit einem Lazarettzug in Richtung Westen transportiert. Als die Verwundeten in Sachsen in ein russisches Lazarett eingewiesen werden sollen, tritt Lofy trotz seiner schweren Verwundung in Begleitung einiger Kameraden den Fußmarsch nach Trier an. Mitte Juni erreicht er seine Heimatstadt.

Heute lebt Dr. Reinhold Lofy als Hochschullehrer a.D. in Trier. Er war maßgeblich an der Gründung des Fördervereins für eine Dokumentations- und Begegnungsstätte Hinzert beteiligt.

Klaus Lohmann

Sein Name ist in Trier so gut wie unbekannt, obwohl er einer der Mutigsten in der Zeit der NS-Diktatur war: Klaus Lohmann, Pfarrer der kleinen und sehr angefochtenen Bekennenden Gemeinde in Trier. Lohmann gehörte zu den wenigen Pfarrern, die am Sonntag nach dem Novemberpogrom 1938 der Juden als „unserer Brüder" gedachte. In der Predigt sagte er:

„Die Epileptischen von Bethel, die Verachteten, Ausgestoßenen und Armen in der Welt, sie alle sind deine Brüder, die an Christi statt vor dir stehen. Auch die Juden können unsere Brüder sein und sie sind es heute, wenn ihnen die Welt die Barmherzigkeit versagt. Wehe uns Christen, wenn wir uns an der Judenverfolgung der Welt beteiligen! Es gilt: 'Was ihr getan habt einem unter diesen meinen geringsten Brüdern, das habt ihr mir getan."

Daraufhin wurde von der Gestapo gegen ihn ermittelt und Anklage erhoben. Dabei handelte es sich um eins von zwölf politischen Verfahren, denen der Geistliche in seiner 17-monatigen Amtszeit ausgesetzt war. Es wurde infolge des Kriegsbeginns niedergeschlagen. Über sich selbst schreibt Lohmann: „Geboren 1910 in Koblenz, 1929 dort Abitur. Nach 'Umwegen' über Germanistik-Studium zur Theologie, vor allem bei Professor Karl Barth in Bonn. 1933 mit Begeisterung in die SA eingetreten – im Sommer 1934 wieder ausgetreten. Inzwischen der Bekennenden Kirche beigetreten. Im Oktober 1935 erstes, im März 1938 zweites theologisches Examen, beide bei der Bekennenden Kirche (illegal). Im April 1938 in der Bekennenden Gemeinde Trier ordiniert und als deren Pastor eingeführt. (Jung verheiratet, Wohnung in der Johannisstr.2, 'Gehalt' weniger als 15o Reichsmark). Siebzehn Monate – von April 1938 bis zum 26. 8. 1939 – Pastor in Trier, dann Einberufung zum Militär. Ständige Überwachung durch die Gestapo, häufige Verhöre. Eine harte Zeit, besonders durch manche Intrigen seitens der Basilikapfarrer." In einem Brief an die Verfasser schrieb er: „Für mich waren die kurzen-langen Trierer Monate keine Sache meines Mutes, sondern meiner Überzeugung. Aber, bitte!, keine Heldenstory – ich hatte oft Angst (...) Was Sie im Blick auf meine damalige 'Zivilcourage' etc. schreiben, beschämt mich sehr. Ach, rückblickend muß ich sagen: hätte ich doch mehr Zivilcourage gehabt! Man hätte ja in Wirklichkeit ganz anders, viel deutlicher reden müssen! Aber dann, das ist nicht zu hoch gegriffen, wäre ich wohl nicht mehr unter den Lebenden. Und zum Märtyrer hatte ich wohl nicht das Zeug."

Hätten nur mehr Menschen so viel Mut aufgebracht wie er!

Schwester Mirjam Michaelis

Elsa Michaelis wurde am 31. März 1889 in Berlin als Tochter einer jüdischen Kaufmannsfamilie geboren. Im Alter von dreißig Jahren wechselte sie zum katholischen Glauben über. Neun Jahre später trat sie in den Orden der Josefsschwestern ein. Im September 1928 traf sie im Trierer Mutterhaus des Ordens, dem Josefstift, ein, wo sie ihre ersten Gelübde als Nonne ablegte. Von nun an hieß sie Schwester Mirjam. Der Orden schickte sie nach Saarlouis und Berlin. Doch je mehr die Nazis Jagd auf Juden machten, desto gefährlicher wurde es für sie in Berlin. Der Orden schickte sie daher 1939 nach Rotterdam-Overschie. Aber auch hier war sie nur für kurze Zeit sicher. Im Mai 1940 besetzte die Wehrmacht die Niederlande. Nun war sie erneut im Einflußbereich der Nazis. Als „Nichtarierin" mußte sie auf Anweisung der Deutschen das Küstengebiet verlassen. Zwar fand sie bei den Fraziskanerinnen in Maastricht Aufnahme, doch auch hier wurde sie überwacht und immer wieder verhört. Schließlich mußte sie im April 1942 Dokumente unterzeichnen, in denen sie sich mit ihrer „Ausreise" in ein Lager einverstanden erklärte. Der Versuch des Ordens, sie in einem Schweizer Kloster in Sicherheit zu bringen, scheiterte an den deutschen Behörden. Am 2.August 1942 wurde Schwester Mirjam zusammen mit anderen „jüdischen" Ordensleuten – darunter Edith Stein und ihre leibliche Schwester Rosa – verhaftet und ins KZ Westerbork gebracht. Am 7.August 1942 wurde Schwester Mirjam gemeinsam mit 987 Männern, Frauen und Kindern in das Vernichtungslager Auschwitz deportiert. Am Sonntag, dem 9. August erreichte der Menschentransport Auschwitz. Frauen und Kinder wurden sofort vergast, ohne registriert zu werden. Daß auch Schwester Mirjam unter ihnen war, wissen wir von dem einzigen Überlebenden dieses Transports, einem Amsterdamer Kaufmann.

Aurelia Torgau-Wald

„Es gab nur wenige Frauen, die so oft gestorben waren und doch noch lebten..." Die, über die das gesagt wurde, kommt am 1. Juli 1914 als Tochter des Maschinisten August Torgau und seiner französischen Frau, Maria, zur Welt. Die Familie, in die Aurelia, genannt Orli, hineinwächst, ist stark in der kommunistischen Bewegung engagiert: Ihr Vater ist 1919 Mitbegründer der Trierer Ortsgruppe der Kommunistischen Partei Deutschlands, ihre älteren Brüder Fritz und Willi sind im Kommunistischen Jugendverband Deutschlands (KJVD) aktiv. Dort wird Orli Mitglied der Theaterspielgruppe und Pionierleiterin. Nach der Ernennung Hitlers zum Reichskanzler, beteiligt sie sich am Aufbau einer Widerstandsgruppe und nutzt ihre Kontakte nach Luxemburg, um von dort politische Aufklärungsschriften ins Reich zu schmuggeln. 1934 wird sie das erste Mal von der Gestapo verhaftet; ein Verfahren gegen sie muß aber mangels Beweises eingestellt werden.

Trotz der Gefahr setzt Orli ihre Kurier- und Untergrundtätigkeit fort. Als sie sich im März 1936 im luxemburgischen Esch aufhält, rollt in Trier eine Verhaftungswelle gegen die Mitglieder des KJVD. Mittelsmänner der Gestapo drohen ihr mit der Verhaftung ihrer Eltern, falls sie nicht nach Trier zurückkehrt. Ohne zu zögern, fährt sie nach Trier und stellt sich der Gestapo. Bei ihren Verhören muß sie stundenlang stehen; sie bekommt Faustschläge und Ohrfeigen. Nachts wird sie immer wieder im Schlaf gestört. Am 23. Juni 1936 wird Orli ins Gefängnis in der Windstraße eingeliefert.

Am 21. Dezember 1936 wird sie wegen Vorbereitung eines hochverräterischen Unternehmens zu viereinhalb Jahren Haft verurteilt und ins Frauenzuchthaus Ziegenhain bei Kassel überstellt. Drei Jahre verbringt sie in Einzelhaft. Die Gnadengesuche ihrer Mutter werden von der Strafanstalt befürwortet, nicht aber von der Trierer Gestapo, die immer wieder auf die Bedeutung der Familie Torgau in der örtlichen kommunistischen Bewegung verweist. So muß Orli die volle Haftzeit verbüßen. Als sie drei Tage vor Weihnachten 1940 freikommen soll, liefert sie die Gestapo ins Frauen-KZ Ravensbrück ein. Sie erhält die Häftlingsnummer 5319/3901 und einen roten Winkel auf der Häftlingsjacke – als Kennzeichen der politisch Gefangenen. 1941 soll sie als Kronzeugin gegen den luxemburgischen KP-Führer Zenon Bernard aussagen.

Obwohl ihr die Gestapo bei einer „guten" Aussage Straffreiheit verspricht, versucht sie, Bernard zu entlasten. So wird sie im März 1942 nach Auschwitz verlegt, wo sie Lagerälteste im Krankenrevier des Frauenlagers Auschwitz-Birkenau wird. Mit den anderen Pflegerinnen wird Orli Zeugin, wie der Lagerarzt im Revier schwache Patientinnen für den Tod aussucht. Orli gelingt es einige Male, totgeweihte Frauen zu retten. Im Winter 1942/43 erkrankt sie an Fleckfieber. Sie überlebt mit knapper Not, verfällt aber in eine schwere Depression und versucht, sich mit einer Überdosis Beruhigungstabletten umzubringen. Ihre Kameradinnen retten sie. Ende 1943 erkrankt sie an Tuberkulose. Fiebrig und von der Krankheit gezeichnet, wird sie mit den anderen „transportfähigen" Frauen im Januar 1945 von Auschwitz in ein Nebenlager des KZ Ravensbrück verlegt. In den letzten Apriltagen 1945 flieht sie von dort mit einer Gruppe von Mädchen. Sie verstecken sich in den Wäldern, bis sie von einem Trupp der Roten Armee aufgestöbert werden. Auch die halb verhungerte, von hohem Fieber geschwächte Orli wird von den russischen Soldaten vergewaltigt.

Schließlich entkommt sie und fährt nach Berlin. Trotz ihrer Kritik am Hitler-Stalin-Pakt ist die Kommunistische Partei noch immer ihre politische Heimat. So wird sie Mitglied der Sozialistischen Einheitspartei (SED) und der Vereinigung der Verfolgten des Naziregimes (VVN). Um ihrem Leben durch Engagement wieder einen neuen Sinn zu geben, fehlen der erst 31jährigen, schwerkranken Frau jedoch die Kräfte. 1946 bricht ihre Tuberkulose wieder auf. Im Sanatorium lernt sie Eduard Wald kennen, den sie im November 1947 heiratet. Die anhaltenden körperlichen Beschwerden und die daraus erzwungene Inaktivität werfen Orli im Lauf der Zeit immer stärker auf sich und die schreckliche Vergangenheit zurück. Das Gefühl der Isolation verstärkt sich, nachdem sie und ihr Mann 1948 mit der SED brechen. Immer wieder erzählt sie von dem, was sie in Auschwitz erlebt hat, so als ob sie sich das Grauen von der Seele reden muß. „Und nachts standen die Toten von Auschwitz wieder auf", sagt Eduard Wald.

Aus der kämpferischen Frau, die sich und andere lebend durch die Hölle von Auschwitz gebracht hat, ist ein zur Passivität verurteilter Pflegefall geworden. Sie kann die Erlebnisse im KZ nicht vergessen und beginnt, sie niederzuschreiben. Oft verfällt sie in tiefste Depressionen. Regelmäßig wiederkehrende Angstzustände versucht sie durch Medikamente zu betäuben und wird schließlich süchtig. Zweimal versucht sie, sich umzubringen. Sie wird in die psychiatrische Klinik Tiefenbrunn gebracht. Der aufnehmende Arzt protokolliert: „Nach der Entlassung aus dem KZ Auschwitz Depressionszustände. Findet sich in der Welt nicht mehr zurecht. Keinen Glauben an die Menschheit mehr. Gefühl der Sinnlosigkeit des Lebens."

Als im April 1961 in Israel der Prozeß gegen Adolf Eichmann, einen der wichtigsten Akteure beim millionenfachen Judenmord in Europa, beginnt, wird in Orli, deren Zustand sich in der Zwischenzeit etwas gebessert hatte, alles wieder aufgewühlt. Am 10. Juli wird sie erneut in eine Nervenklinik gebracht. Es setzen Bewußtseinsstörungen ein. Sie glaubt, sie sei inhaftiert, es sei noch Krieg, sie wähnt sich in Auschwitz, klagt sich an, den Leuten nicht genügend geholfen zu haben.

Das medizinische Bulletin schließt damit, daß am 1. Januar 1962 eine schwere Unruhe bei der Patientin Aurelia Wald mit einer hohen Medikamentendosis gedämpft werden mußte. Mit hinreichender Wahrscheinlichkeit könne angenommen werden, daß es durch die jahrelange vegetative Übererregung und durch die deswegen notwendigen fortgesetzten Medikamentengaben zu einem Kollaps gekommen sei.

Das ist das Ende.

Die Trierer „Volkswacht", Tageszeitung der SPD, zeichnete sich seit Beginn der dreißiger Jahre durch eine ausgeprägt antifaschistische Haltung aus. Bereits die ersten Zusammenkünfte der nationalsozialistischen Bewegung Mitte der zwanziger Jahre wurden in der Zeitung kritisch dargestellt. Drei Personen prägten diese antifaschistische Grundhaltung der „Volkswacht": Alle drei waren Sozialdemokraten, Juden, Pazifisten und Intellektuelle.

Dr. Gertrud Schloß

Gertrud Schloß wird am 18. 1. 1899 in Trier geboren. Sie entstammt einer alteingesessenen jüdischen Familie, die in der Saarstraße 31–35 die Fabrikation von Herrenkonfektionswaren betreibt.

Sie studiert Philosophie in Heidelberg und promoviert über „Der Staat in der bolschewistischen Theorie und Praxis". 1923 kehrt sie nach Trier zurück und engagiert sich sich in der „Internationalen Frauenliga für Frieden und Freiheit". Ihr erster Artikel für die „Volkswacht" erscheint 1924 – ein Plädoyer für ein vereintes Europa von Spanien bis zum Ural. Sie verfaßt regelmäßig politische Leitartikel, sowie Theater- und Konzertrezensionen, hält Vorträge vor der SPD-Frauenorganisation und wird deren zweite Vorsitzende. 1926 wird sie zur Vorsitzenden der Theatergemeinde „Freie Volksbühne" gewählt und bereitet auch die Gründung der „Volksbühne" in Luxemburg mit vor. Sie schreibt Gedichte, die in einem privat gedruckten Lyrikband „Begegnungen" veröffentlicht werden, und betätigt sich als Mundartdichterin bei geselligen Zusammenkünften der SPD-Frauen. Sie verfaßt ein Theaterstück – „Ahasver" –, das die Gestalt des ewig heimatlos wandernden Juden in eine unmittelbare Beziehung zum aufkommenden Nationalsozialismus stellt. „Ahasver" wird 1928 am Trierer Stadttheater aufgeführt; leider ist das Textbuch verloren gegangen. In der „Volkswacht" erscheinen 1931/32 satirische Spottgedichte auf die Nazis.

Nach deren Machtübernahme meldet sich Gertrud Schloß am 20. März nach Frankfurt ab; 1939 emigriert sie nach Luxemburg, wo sie den Einmarsch der deutschen Truppen miterlebt. Dann verlieren sich ihre Spuren.

Sie scheint zusammen mit dem Großteil der jüdischen Bevölkerung Luxemburgs am 16. Oktober 1941 nach Litzmannstadt (Lodz) deportiert worden zu sein. Vermutlich ist sie Anfang 1942 im KZ Kulmhof ermordet worden.

In Trier erinnert heute ein Straßenname an Gertrud Schloß. Ihr Gedichtband „Begegnungen" wurde 1985 von der „édition trèves" wiederveröffentlicht.

Edmund Scheuer

Edmund Scheuer wird am 3. April 1882 in Saarwellingen geboren. In Trier betreibt er zusammen mit seinem Bruder Arnold ein Herrenkonfektionsgeschäft in der Brotstraße. In den zwanziger Jahren engagiert er sich vor allem in der Friedensbewegung. 1921 ist er Mitbegründer und seitdem jahrelang Vorsitzender der Trierer Ortsgruppe der „Deutschen Friedensgesellschaft". Er ist Mitglied der SPD und hält bei Parteiveranstaltungen Vorträge.

Seit 1922 schreibt Edmund Scheuer regelmäßig Artikel in der „Volkswacht" – zunächst vor allem über die pazifistische Bewegung. 1924 regt er die Gründung der Trierer Ortsgruppe des Reichsbanners „Schwarz-Rot-Gold" an. Ab 1930 greift er die Nazi-Bewegung in polemischen und scharf pointierten Artikeln in der „Volkswacht" an.

Im November 1929 zieht Edmund Scheuer ins luxemburgische Grevenmacher. Dort soll er nach dem Einmarsch der deutschen Wehrmacht 1940 Selbstmord begangen haben.

Else Scheuer-Insel

Else Scheuer-Insel tritt bereits 1919 als Theaterrezensentin der „Volkswacht" in Erscheinung. Als Mitglied der Trierer Ortsgruppe der „Internationalen Frauenliga für Frieden und Freiheit", deren langjährige Vorsitzende sie auch ist, nimmt sie an allen wichtigen nationalen und internationalen Kongressen dieser Organisation teil. Hierüber berichtet sie ausführlich in der „Volkswacht". Ihre Erfahrungen auf den verschiedenen Kongressen sind außerdem Themen in der Frauengruppe der Trierer SPD. Dort ist sie bis 1933 aktives Mitglied. Sie kandidiert für die SPD für den Stadtrat und ist 1932–33 zweite Vorsitzende der Trierer Arbeiterwohlfahrt.

Auch sie verläßt nach der Machtübernahme der Nazis Trier.

Mit ihrem Mann Arnold, dem Bruder von Edmund Scheuer, wandert sie nach Luxemburg und von dort nach Palästina aus. Auch im späteren Israel engagiert sich Else Scheuer-Insel literararisch und politisch.

Willi Torgau

„Wir sind die Moorsoldaten und ziehen mit dem Spaten ins Moor..." Einer der KZ-Häftlinge, die sich in diesem Lied als „Moorsoldaten" bezeichnet haben, ist der Trierer Willi Torgau.

Wilhelm, der am 14. 6. 1911 in Luxemburg geboren wurde, wird Lehrling im Reichsbahnausbesserungswerk Trier-West, wo auch sein Vater arbeitet und wird mit diesem 1926 wegen kommunistischer Betätigung entlassen. Im gleichen Jahr tritt er in den Kommunistischen Jugendverband (KJVD) ein. Er wird Organisationsleiter der Trierer Ortsgruppe . Im Februar 1933 wird Torgau das erste Mal festgenommen – in der Simeonstraße, von zwei SA-Männern, die als „Hilfspolizisten" unterwegs sind. Sie bringen ihn ins Gewerkschaftshaus in die Dietrichstraße, wo er nach verbotenem Material durchsucht wird. Anfang März wird er ohne richterlichen Entscheid verhaftet und in das Polizeigefängnis in der Hornkaserne, Eurener Straße, eingeliefert, wo sich auch SA und SS einquartiert haben. An einem Oktobermorgen sagt ein SA-Mann zu ihm: „Du gehst morgen mit auf Transport!". Torgau weiß, was das bedeutet: Abtransport ins KZ.

Die Häftlinge werden mit Handschellen gefesselt zum Trierer Bahnhof gebracht. In einer sechzehnstündigen Bahnfahrt in einem überfüllten Zellenwagen werden sie nach Sonnenburg bei Frankfurt/Oder gebracht. Die Gefangenen werden mit Gewehrkolbenschlägen im Laufschritt durch das Dorf gejagt, dann geht es unter Schlägen und Fußtritten weiter zum Lager und in die Kellerräume. Hier wird der Befehl „Robben!" erteilt. Die Häftlinge schleppen sich über den Koks, der hier lagert, keiner kommt ohne Verletzung davon. Elf Menschen sterben in den ersten Tagen nach der Einlieferung. Es gibt im Lager nur wenige Arbeitskommandos. Das Lagerleben besteht aus Exerzieren von 7 Uhr morgens bis 18 Uhr abends, das zu einer entsetzlichen Schikane und Menschenquälerei ausartet. Im Lager trifft Willi Torgau auch den Publizisten, Pazifisten und späteren Friedensnobelpreisträger Carl von Ossietzky. Im Februar 1934 werden Torgau und Ossietzky ins Moor-KZ nach Esterwegen gebracht, das von der SA geführt wird. Dort müssen sie Schwerstarbeit verrichten – einen Kanaldurchstich zum Rhein-Ems-Kanal.

Im März 1934 wird Torgau entlassen. Er kehrt nach Trier zurück, wo er sich wieder dem Widerstand gegen die Nationalsozialisten anschließt. Die Kommunisten drucken Flugblätter gegen Hitlers Kriegsrüstung und legen sie in Kaufhäusern, auf Parkbänken oder vor dem Bahnsteig ab. Der Fahrtwind des einfahrenden Zugs weht sie dann in den Bahnhof. Daneben ist Trier Umschlagplatz für Propagandamaterial, das aus Prag, Luxemburg oder Frankreich kommt. Torgau knüpft Kontakte ins Saarland und nach Frankreich. Im

April 1936 wird er verhaftet und wie sein Bruder Fritz, seine Schwester Orli, Hans Eiden und 32 weitere Trierer KPD-Angehörige vor Gericht gestellt. Der Staatsanwalt sagt: „Wenn du nochmal ins Saarland fährst, ist deine Rübe nur noch 7 Pfennige wert!“ Torgau wird wegen „Vorbereitung eines hochverräterischen Unternehmens“ zu sieben Jahren Zuchthaus verurteilt und nach Siegburg gebracht. Viereinhalb Jahre verbringt er in Einzelhaft. Als er im Mai 1943 entlassen wird, verpflichtet ihn die Gestapo zur Zwangsarbeit in einer Kohlenhandlung. Gegen die heranrückenden US-Truppen muß er Schanzdienste leisten und wird schließlich sogar zum „Volkssturm“ einberufen. Nach 1945 wird Willi Torgau Zweiter Sekretär des KPD-Kreisvorstandes in Trier, nach dem Tod von Hans Eiden Erster Sekretär. 1945–1948 ist Torgau öffentlicher Ankläger der Entnazifizierungsspruchkammer II in Trier – als Oberstaatsanwalt auf Widerruf. Die Kammern tagen in der 1. Etage des Eckhauses Hauptmarkt/ Jakobstraße (heute:MacDonalds). Gemeinsam mit den anderen Kommunisten legt er 1948 dieses Amt nieder – aus Protest dagegen, daß „nur gegen die kleinen Nazis verhandelt wird“. 1948–1956 vertritt er die Trierer Bürger als KPD-Abgeordneter im Stadtrat. Ab 1949 kandidiert er mehrfach als Kandidat der Kommunistischen Partei bei Bundestags- und Landtagswahlen. Die ihm zustehende Haftentschädigung als NS-Opfer wird gestrichen, da er als Kommunist nicht auf dem Boden der freiheitlich-demokratischen Grundordnung steht (§6 des Landeswiedergutmachungsgesetzes). 1954 versucht er, im Stadtrat eine eigene Rentnervertretung durchzusetzen. Im September 1968 ist er Mitbegründer der Trierer Ortsgruppe der Deutschen Kommunistischen Partei (DKP) – der Nachfolgepartei der 1956 verbotenen KPD. 1981 schmieren ihm Neonazis „KZ-Sau verrecke!“ ans Haus. In dieser Zeit engagiert er sich gegen die Stationierung neuer US-Atomwaffen in der Bundesrepublik.

Bis heute ist Willi Torgau überzeugter Kommunist und Mitglied der DKP. Als er im Mai 1993 bei einer Veranstaltung über die NS-Zeit in Trier im Friedenszentrum gefragt wird, wie er über die Umtriebe der Neonazis denke, zeigt er sich optimistisch: „Ich glaube daran, daß sich die menschliche Gesellschaft letztlich zum Guten entwickelt – allerdings nicht von selbst!“ Damit vor allem junge Menschen aus der Erinnerung an die Nazi-Zeit für die Gegenwart lernen, war Willi Torgau einer der Gründer des Fördervereins für eine Dokumentations- und Begegnungsstätte in Hinzert.

Paul Wipper

Ein Foto aus den vierziger Jahren. NSDAP-Mitglieder werben für eine Veranstaltung. Auf ihren Schildern steht: „17. Oktober. Massenversammlung, 8.30 Uhr, evangelischer Bürgerverein, Nordallee 13. Thema: Und Hitler siegt doch!!! Es spricht der frühere Kreisleiter Paul Wipper, Trier. Erscheint in Massen!"

Mehr als vierzig Jahre später: 8. Mai 1985. Kundgebung auf dem Hauptmarkt aus Anlaß des 40. Jahrestags der Zerschlagung des Faschismus. Einer der Redner: Paul Wipper.

An diesem Tag erleben Kundige eine denkwürdige Szene. Zwei alte Männer betreten das Podium, deren Lebensweg gegensätzlicher nicht sein konnte: Willi Torgau, Kommunist und ehemaliger KZ-Häftling und Paul Wipper, ehemaliger Kreisleiter der NSDAP in Trier. Ihre Botschaft an die vorwiegend jungen Zuhörer ist die gleiche: Nie wieder Krieg von deutschem Boden!

Wer war dieser alte Mann, der mit dem Pathos und der Eindringlichkeit des geschulten Redners fünfzig Jahre nach seinen Reden für den Nationalsozialismus öffentlich gegen Kriegsvorbereitung und Aufrüstung spricht?

Paul Wipper wird am 30. Oktober 1906 in Bochum geboren. Er macht eine Ausbildung als Zahntechniker. In Bayreuth tritt er 1928 in die NSDAP ein und gehört damit zu den „alten Kämpfern", d.h. denen, die vor dem Machtantritt 1933 Parteigenosse wurden. Seine Mitgliedsnummer: 93 499. Der spätere bayerische Kultusminister wird auf den begabten Redner aufmerksam und läßt ihn rhetorisch schulen. Wipper zieht 1929 aus beruflichen Gründen nach Saarburg, wo er eine Anstellung bei einem Zahnarzt findet. Dort gründet er um die Jahreswende 1930/31 als ältestes Parteimitglied eine NSDAP-Ortsgruppe. Wegen seiner politischen Tätigkeit für die Nationalsozialisten droht ihm bald die Entlassung. Um der drohenden Arbeitslosigkeit zu entgehen, verläßt er am 6. Mai 1930 die Partei, verliert aber trotzdem seine Stellung. Er tritt der NSDAP am 1.Dezember 1930 wieder bei, wird Ortsgruppenleiter und Parteiredner. 1933 zieht er nach Trier und wird zum Kreisleiter und Beauftragten der „Hitler-Bewegung" für den Kreis Trier-Land-West ernannt. Er wohnt im „Braunen Haus" im Jakobsspitälchen. In dieser Zeit lernt er seine spätere Frau Grete kennen. Beide heiraten 1934 in der Berliner NS-Führerschule. Die Frischverheirateten werden am Trierer Bahnhof von einem Spalier der SA empfangen.

Nachdem Paul Wipper einen Korruptionsskandal in der Trierer NSDAP aufdeckt, wird er im Januar 1936 als Kreisleiter nach Cochem versetzt. Im gleichen Jahr wird er Abgeordneter für den Wahlkreis Koblenz-Trier im

Deutschen Reichstag. Im Januar 1940 meldet er sich freiwillig zur Front und erhält dort das Ritterkreuz und andere hohe Auszeichnungen.

Nach der Kapitulation der Wehrmacht gerät Wipper in russische Gefangenschaft, kann fliehen, taucht unter, wird verhaftet und von der britischen Militärregierung einige Monate im ehemaligen KZ Neuengamme interniert. Seine Haftzeit im Moorlager Esterwegen nutzt er zum intensiven Nachdenken. 1948 schreibt er: „Sühne wird notwendig sein. Nur befehlen kann man sie nicht. Sie ist ein Vorgang in der Seele des Einzelnen. Gibt es einen besseren Wunsch, als dort zu beginnen, den Mut umzuwandeln in Zivilcourage, sich nicht mehr nur vorlügen zu lassen; echter Gewissenseinsatz statt berechnendem Opportunismus (...) Wir haben nicht nur Hitler auszuschwitzen, sondern den Geist, der dem militärischen Wahn hörig ist (...) Der Krieg pervertiert die Sittlichkeit des Einzelnen. Er offenbart die abgründige Tiefe sinnlosen Leidens. Ich schäme mich der Verbrechen, die im Namen des deutschen Volkes begangen wurden."

Als einziger der früheren Parteigrößen kehrt Wipper nach Trier zurück. Später erzählt er verbittert, daß Männer, die in der NS-Zeit bei ihm um Aufnahme in die Partei bettelten, den Bürgersteig wechselten, wenn sie ihm begegneten. Einige von ihnen waren nach dem Krieg in der CDU aufgestiegen und galten nun als „Ehrenmänner".

Wipper schwört, nie wieder politisch aktiv zu werden. Er widmet sich nur noch seiner Frau und den mittlerweile vier Kindern und versucht mühsam, sich eine Existenz als Handelsvertreter aufzubauen. „Wie zu erwarten war", wird er alsbald von Vertretern der NPD aufgesucht, die ihn für den Aufbau ihrer Partei gewinnen wollen. Wipper lehnt ab und wirft ihnen mangelnde Einsicht und Blindheit gegenüber der Geschichte vor. Er nimmt an einem Kameradschaftstreffen seiner ehemaligen Division teil und ist erschüttert über den alten Ungeist von Militarismus und Obrigkeitsdenken, der dort herrscht.

Als die Regierung Adenauer Westdeutschland wiederbewaffnen will, wird Wipper doch wieder politisch aktiv. Er wird Mitglied der „Internationale der Kriegsgegner" (IdK) und gehört zu den Mitbegründern der Trierer Ortsgruppe der Deutschen Friedensgesellschaft/Vereinigte Kriegsdienstgegner (DFG/VK). 1979 wird Paul Wipper eines der ersten Mitglieder der neugegründeten Arbeitsgemeinschaft Frieden (AGF) e.V. Er engagiert sich leidenschaftlich gegen die „Nach"rüstungen in Ost und West.

Den Lesern des „Trierischen Volksfreunds" wird er durch zahlreiche Leserbriefe, in denen er zu politischen Vorgängen Stellung bezieht, ein Begriff. Er arbeitet im AGF-Arbeitskreis „Friedenserziehung" mit, schreibt Gedichte und überlebt sechs Herzinfarkte.

Paul Wipper stirbt am 11. Januar 1992 im Alter von 86 Jahren.

Klaus Barbie

Geboren am 25. Oktober 1913 in Bad Godesberg, wächst Barbie in Udler bei Daun in der Eifel auf. Klaus wird mit elf Jahren vom Gemeindepfarrer nach Trier geschickt, wo er das Friedrich-Wilhelm-Gymnasium besucht und im Bischöflichen Konvikt in der Windstraße wohnt. Dort gilt er als einer der eifrigsten Schüler, interessiert sich für Musik und Sprachen und engagiert sich im katholischen Männerfürsorgeverein, für den er bei der Bahnhofsmission und im Gefängnis Dienst tut. Er gilt als intelligent, anständig und harmlos. Raufereien geht er aus dem Weg. 1929 zieht seine Familie nach Trier – in eine Wohnung am Viehmarkt – und nimmt Klaus wieder unter ihre Fittiche. In diese Zeit fällt die Wandlung von Klaus Barbie vom eifrigen Jungkatholiken zum überzeugten Nationalsozialisten. 1933 wird er Mitglied der „Hitlerjugend“, wird Fähnleinführer im NS-„Jungvolk“ und erledigt Botengänge für die NSDAP-Ortsgruppe Trier-Mitte. Der Ortsgruppenleiter Horrmann vermittelt Barbie 1935 nach Berlin zum Sicherheitsdienst (SD), dem Geheimdienst der SS, wo er die Führerschule besucht. Die nächste Station seiner SS-Karriere ist die Sicherheitspolizei in Amsterdam. 1942 wird Barbie Gestapo-Chef in Lyon. Sein Dienstsitz im Hotel „Terminus“ wird schnell zum Synonym für Folter und Terror. Barbie verhört und foltert selbst. Zwischendurch spielt er im Nebenzimmer Klavier – Chopin. Zu Barbies prominentesten Opfern gehört der Chef der französischen Widerstandsbewegung, Jean Moulin.

In den Jahren 1942 und 1943 ist er „infolge der dienstlichen Verhältnisse in Lyon“ nur einmal auf Urlaub in Trier, wo seine Frau, die Osburger Parteigenossin und Postarbeitertochter Regine Willms, mit dem gemeinsamen Töchterchen bei Barbies Mutter wohnt.

Obwohl Barbie auf der Liste der gesuchten Kriegsverbrecher steht, wird er nach dem Krieg vom US-Geheimdienst CIC angeworben. Seine Vorgesetzten sind mit dem „strengen Anti-Kommunisten und Nazi-Idealisten“ hochzufrieden und charakterisieren ihn als „ehrenhaften Mann, ... absolut ohne Nerven oder Angst.“ In Frankreich wird Barbie 1947 in Abwesenheit zum Tode verurteilt, doch die USA lehnen die Auslieferung ihres Agenten ab. Schließlich flieht Barbie mit Hilfe der Amerikaner und vatikanischer Diplomaten über Italien nach Bolivien.

Dort nennt er sich Altmann – nach dem Oberrabiner von Trier, der durch die Gestapo in Holland verhaftet und in Auschwitz umgebracht worden war. Seit 1964 ist „Don Klaus“ Berater der bolivianischen Militärdiktatoren und hilft beim Aufbau des Geheimdienstes und der Armee.

1971 wird Barbie von den französischen „Nazijägern“ Beate und Serge Klarsfeld in Bolivien aufgespürt, doch die Militärs halten ihre schützende Hand über ihn. 1972 äußert er sich gegenüber der brasilianischen Zeitung „O Globo“ zu seiner SS-Vergangenheit: „Ich bin bereit das wieder zu tun, tausendfach wieder zu tun, was ich gemacht habe, wenn es nochmal zu tun wäre.

Nach Frankreich ausgeliefert wird Barbie erst 1983, als die Militärs in Bolivien abdanken und ein demokratischer Präsident gewählt wird. Im Juli 1983 wird Klaus Barbie (69) in Lyon wegen „Verbrechen gegen die Menschlichkeit“ in 17 Fällen zu lebenslanger Haft verurteilt. Am 25. September 1991 stirbt Klaus Barbie in der Haft.

Literatur zum Weiterlesen

Für den gesamten Band wurden benutzt:

Bollmus, Reinhard, Trier und der Nationalsozialismus 1925–1945, in: Kurt Düwell und Franz Irsigler (Hrsg.), Trier in der Neuzeit (= Reihe: 2000 Jahre Trier, Bd. 3), Trier, 1988, S. 517–590.

Christoffel, Edgar, Der Weg durch die Nacht. Verfolgung und Widerstand im Trierer Land während der Zeit des Nationalsozialismus, Trier 1983.

Weiler, Otmar (Bearb.), Trier und der Nationalsozialismus. Die Machtergreifung in einer rheinischen Stadt. Katalog einer Ausstellung des Stadtarchivs und der Stadtbibliothek Trier (= Ausstellungskataloge Trierer Bibliotheken, Nr. 7), Trier 1983.

Zenz, Emil, Geschichte der Stadt Trier, Bd. 3, 1927–1945, Trier 1973.

–, Die Stadt Trier im 20. Jahrhundert: 1. Hälfte 1900–1950, Trier 1981.

Zeitungen:

Trierer Nationalblatt
Trierische Landeszeitung
Trierischer Volksfreund
Volkswacht

Zu Kapitel 1 (Rundgang):

Bollmus, Reinhard, Die Bekennende Evangelische Gemeinde in Trier – 1935–1945, (voraussichtlich 1997/98) in: Monatshefte für die evg. Kirchengeschichte des Rheinlandes.

Gedenkbuch. Opfer der Verfolgung der Juden unter der nationalsozialistischen Gewaltherrschaft in Deutschland 1933–1945, 2 Bde., Koblenz 1986.

Jacobs, Jacques, Existenz und Untergang der alten Judengemeinde der Stadt Trier, Trier 1984.

Jonas, Nikolaus, Erinnerungen eines Gefangenenseelsorgers an die Jahre 1940–1944, in: Jahrbuch für westdeutsche Landesgeschichte, 15. Jg., 1989, S. 241–254.

Laufner, Richard, Geschichte der jüdischen Gemeinde Triers, in: Nolden, Reiner (Bearb.), Juden in Trier. Katalog einer Ausstellung von Stadtarchiv und Stadtbibliothek Trier. März – November 1988 (= Ausstellungskataloge Trierer Bibliotheken, Nr. 15), Trier 1988.

Zenz, Emil, Die Straßennamen der Stadt Trier, Trier 1984.

Zu Kapitel 2 (NSDAP):

Adressbuch der Stadt Trier, Trier 1938.

Gross, Guido, Wider den undeutschen Geist, in: Kurtrierisches Jahrbuch 1983, S. 89–104.

Klopp, Eberhard, Geschichte der Trierer Arbeiterbewegung, Bd. 3: Kurzbiographie 1836–1933 mit Dokumenten und Fotoanhang., Trier 1979.

Wistrich, Robert, Wer war wer im Dritten Reich: Anhänger, Mitläufer, Gegner aus Politik, Wirtschaft, Militär, Kunst und Wissenschaft, München 1983.

Zu Kapitel 3 (NS-„Metropole"):

Stadtplan Trier, 1930 und 1938.

*Romeyk, Horst,*Der Gau Moselland und seine Beziehungen zu Luxemburg, in: Hémecht, Luxemburg, Nr. 3, 1987, S. 411–426.

Zu Kapitel 4 (Juden):

Jacobs, Jacques, Existenz und Untergang der alten Judengemeinde der Stadt Trier, Trier 1984.

Heid, Ludger und Julius H. Schoeps (Hrsg.), Wegweiser durch das jüdische Rheinland, Berlin 1992.

Landesarchivverwaltung Rheinland-Pfalz (Hrsg.), Dokumentation zur Geschichte der jüdischen Bevölkerung in Rheinland-Pfalz und im Saarland von 1800 bis 1945, (= Veröffentlichungen der Landesarchivverwaltung Rheinland-Pfalz, Bd. 14), Koblenz 1972ff.

Nolden, Reiner (Bearb.), Juden in Trier. Katalog einer Ausstellung von Stadtarchiv und Stadtbibliothek Trier. März – November 1988 (= Ausstellungskataloge Trierer Bibliotheken, Nr.15), Trier 1988.

Zu Kapitel 5 (Kirchen):

Bohr, Konrad, Kirchenpolitische Aspekte der Heilig-Rock-Wallfahrt, in: Kurtrierisches Jahrbuch 1983, S. 105–125.

Borgmann, Karl, Der Deutsche Caritasverband im „Dritten Reich", in: 75 Jahre Deutscher Caritasverband (1897–1972). Festschrift, Freiburg o. J., S. 92–99;

Christoffel, Edgar, Der Kampf des Nationalsozialismus gegen Christentum und Kirche im Bereich der Volksschule des Trierer Landes, in: Jahrbuch Kreis Trier-Saarburg 1975, S. 26–27.

Cyrus, Georg, Zu neuem Tag. Der Weg einer Gemeinde 1559–1871–1971, Trier 1979.

Ehses, Leo, Der Kampf um die katholischen Jugendverbände in der Zeit des Nationalsozialismus an Hand der Akten des Bistumsarchivs Trier, (Maschinenschr. vervielf.), Trier 1963 .

von Hehl, Ulrich, , Die Kirchen in der NS-Diktatur. Zwischen Anpassung, Selbstbehauptung und Widerstand, in: Bracher/Funke/ Jacobsen (Hrsg.), Deutschland 1933–1945. Neue Studien zur nationalsozialistischen Herrschaft, (Schriftenreihe der Bundeszentrale für politische Bildung, 314), Bonn 1992, S. 153–181.

Heintz, Albert (Hrsg.), Fels im Sturm. Predigten und Hirtenworte des Erzbischofs Franz Rudolf Bornewasser, 2 Bde., Trier 1969.

Heyen, Franz-Josef, Nationalsozialismus im Alltag. Quellen zur Geschichte des Nationalsozialismus vornehmlich im Raum Mainz-Koblenz-Trier, Boppard 1967.

Kroll, Rüdiger, Die katholische Kirche in Trier und die Machtergreifung Hitlers, (Maschinenschr., vervielf.), Trier 1982.

Lill, Rudolf, , Ideologie und Kirchenpolitik des Nationalsozialismus, in: Klaus Gotto, Konrad Repgen (Hrsg.), Kirche, Katholiken und Nationalsozialismus, Mainz 1980, S. 23–34.

Mentgen, Otmar, Der Kampf gegen die Aufhebung der Bekenntnisschule durch die Nationalsozialisten im Bistum Trier (Maschinenschr. vervielf.), Trier 1979.

Müller, Hans, Katholische Kirche und Nationalsozialismus, Dokumente 1930–1935, München 1963.

Münch, Maurus, Unter 2579 Priestern in Dachau, Trier 1970.

Scholder, Klaus, Die Kirchen und das Dritte Reich. Band 1: Vorgeschichte und Zeit der Illusionen 1918–1934, Frankfurt/Main 1986.

Thomas, Alois, Kirche unter dem Hakenkreuz. Erinnerungen und Dokumente, Trier 1992.

Trauten, Stefan, Der katholische Klerus und der Nationalsozialismus im Landkreis Trier, (Maschinenschr. vervielf.), Trier 1987.

Zu Kapitel 6 (Arbeiterbewegung):

Klopp, Eberhard, Kurzbiografien aus der Trierer Arbeiterbewegung 1836–1933, Trier 1978.

–, Geschichte der Trierer Arbeiterbewegung, Bd. 3: Kurzbiografien 1836–1933 mit Dokumentar- und Fotoanhang, Trier 1979.

–, Die Trierer Arbeiterbewegung in der Weimarer Republik. Chronik und Materialien, Bd. 3: 1930–1933, (Maschinenschr. vervielf., aufgrund der Zeitung „Volkswacht"), Trier 1979–1981.

Zu Kapitel 7 (Geisteskranke):

Aktenband über die Organisation der Ausstellung „Volk und Rasse" des Deutschen Hygiene-Museums, Dresden, beim Landeshauptarchiv Koblenz, Best. 662,3.

Guott, Arthur, Gesetz zur Verhütung erbkranken Nachwuchses vom 14. Juli 1933, München 1934.

Lautmann, Rüdiger, Seminar: Gesellschaft und Homosexualität, Frankfurt 1979.

Rothenberg, Karl-Heinz und Werner Schuhn, Der Nationalsozialismus im Trierer Land. In: Beiträge zur Trierischen Landeskunde, Trier 1979, S. 252–279.

Siemen, Hans-Ludwig, Das Grauen ist vorprogrammiert – Psychiatrie zwischen Faschismus und Atomkrieg, Gießen 1982.

Schönke, Adolf, Strafgesetzbuch für das Deutsche Reich. Kommentar, München 1942.

Schwarz, Otto, Strafgesetzbuch, München 1938.

Welter, Adolf, Chronik Trier Euren 1939–1948. Ein Beitrag zur Geschichte des Trierer Landes (= Kleine heimatkundliche Reihe, Bd. 4), Trier 1987.

Zu Kapitel 8 (Garnisonsstadt):

Heyen, Franz-Josef, Der Zweite Weltkrieg im Grenzland. Freimachung West – Ein Dokumentarbericht, in: Jahrbuch Kreis Trier-Saarburg 1970, S. 298–319.

Kaiser, Lutz, 7. März 1936: Die Wehrmacht marschiert ins Rheinland ein, in: Kreis Trier 1969, S. 295–307.

Sartoris, Herbert, Vom Knast zum Museum, in: katz (= Kleine andere Trierer Zeitung), H. 7/1988.

Zenz, Emil, Trier in Rauch und Trümmern. Das Kriegsgeschehen in der Stadt, in Ehrang, Pfalzel, Konz in den Jahren 1943–1945, Trier 1983.

Zu Kapitel 9 (Hinzert):

Bucher, Peter, Das SS-Sonderlager Hinzert bei Trier, in: Jahrbuch für westdeutsche Landesgeschichte, Bd. 4, Koblenz 1978, S. 413–439.

Eichmann, Bernd, Hinzert – „Klein-Katyn“ im Hunsrück, in: ders., Versteinert, verharmlost, vergessen – KZ Gedenkstätten in der Bundesrepublik Deutschland, 2. Aufl., Frankfurt 1986, S. 101–111.

Engel, Marcel und André Hohengarten, Hinzert. Das SS-Sonderlager im Hunsrück 1939–1945, Luxemburg 1983.

Klopp, Eberhard, Hinzert – kein richtiges KZ? Ein Beispiel unter 2000, Trier 1983.
– und Reinhold Lofy, Hinzert – kein richtiges KZ? Eine Dokumentation, Trier 1982.

Koch-Kent, Henri, Luxembourg im SD-Spiegel (= Beiträge zur Zeitgeschichte, Heft 3), Luxemburg, o. J.

Kogon, Eugen, Der SS-Staat. Das System der deutschen Konzentrationslager, München 1974.

Landeszentrale für politische Bildung Rheinland-Pfalz (Hrsg.), Das ehemalige SS-Sonderlager / KZ Hinzert 1940–1945, Mainz 1995, (kostenlos über: Landeszentrale für politische Bildung, Postfach 3028, 6500 Mainz).

–, Gedenkstätten für die Opfer des Nationalsozialismus in Rheinland-Pfalz, 2.erw. und überarb.Aufl., Mainz 1991 (s.o.)

Schwachtgen, Fernand, Hinzert. 24. April – 6. Juni 1944, in: Rappel (= Mitgliederzeitschrift der „Ligue Luxembourgeoise des Prisonniers et Déportés Politiques“), Teil I: Heft 1–2/1987, S. 63–102, Teil II: Heft 3–4/1987, S. 151–192.

Weinmann, Martin (Hrsg.), Das nationalsozialistische Lagersystem, Frankfurt/M. 1990.

Zu Kapitel 10 (Nach 1945):

Jacobs, Jacques, Existenz und Untergang der alten Judengemeinde der Stadt Trier, Trier 1984.

Klopp, Dorette, Hindenburg-Hitler. Ehrenbürger und Straßennamen. Dokumente zur „Vergangenheitsbewältigung“ in Trier, hektogr., Trier 1981.

Klopp, Eberhard, Hinzert – kein richtiges KZ? Ein Beispiel unter 2000, Trier 1983.

Landeszentrale für politische Bildung Rheinland-Pfalz (Hrsg.), Gedenkstätten für die Opfer des Nationalsozialismus in Rheinland-Pfalz, 2.erw. und überarb.Aufl., Mainz 1991.

Zenz, Emil, Ehrenmäler auf dem Hauptfriedhof als Signaturen historischer Ereignisse, in: Neues Trierisches Jahrbuch 1980, S. 19–29.

Bildnachweis

Stadtarchiv / Stadtbibliothek Trier: U1, Seite 9, 10, 12, 13, 14, 15, 17, 18, 19, 21, 22, 23, 25, 28, 29, 31, 35, 36, 37, 38, 39, 40, 45, 47, 49, 52, 53, 55, 58, 59, 61, 65, 71, 74, 76, 81, 84, 86, 87, 90, 93, 94, 95, 97, 119, 122

Friedrich-Wilhelm-Gymnasium Trier: Seite 91

Archiv de Conseil Nationale de la Résistance, Luxemburg: Seite 97, 99, 102, 103, 105, 106

Bistumsarchiv Trier: Seite 120

Privat: Seite 121, 124, 125, 126, 127, 128, 131, 132, 134

Roland Dahm: Stadtplan auf der Umschlagklappe

Wir danken allen Institutionen und Privatpersonen, die uns freundlicherweise das Fotomaterial zur Verfügung gestellt haben.